带你去看

春秋战国

李世化 编著

中国商业出版社

图书在版编目（CIP）数据

带你去看春秋战国 / 李世化编著. —北京：中国商业出版社，2021.12

ISBN 978-7-5208-1446-1

Ⅰ.①带… Ⅱ.①李… Ⅲ.①中国历史 – 春秋战国时代 – 青少年读物 Ⅳ.① K255.09

中国版本图书馆 CIP 数据核字（2020）第 248015 号

责任编辑：陈皓　常松

中国商业出版社出版发行
010-63180647　www.c-cbook.com
（100053　北京广安门内报国寺 1 号）
新华书店经销
三河市华润印刷有限公司印刷

*

710 毫米 ×1000 毫米　16 开　14 印张　170 千字
2021 年 12 月第 1 版　2021 年 12 月第 1 次印刷
定价：48.00 元

* * * *

（如有印装质量问题可更换）

前　言

　　说起春秋战国，那是一个战火纷飞、群雄并起的年代，人物关系错综复杂，各方利益纠缠不清。其实这一时期在中国历史上是非常精彩的一个篇章，闪烁着仁、义、礼、智、信、勇的耀眼光芒，其中不乏对理想展开追求的仁人志士。春秋五霸，将军文臣，文人墨客，都会在我们眼前一一呈现，可谓是百家争鸣，百花齐放。在欣赏这些人和事的同时，也应了解众多历史事件的来龙去脉，看到众多关键人物的决策得失。

　　正是通过了解这一时期的历史，才能更容易看到中华文明的根基，领悟持续两千多年的传统价值观。

　　每个时期都有其特定的风格，在这里，可以领略春秋战国时期的服装，熟悉古装剧的你一定领略过上玄下黄、胡服骑射；春秋五霸、战国七雄不一样的异国风情，定能让你大饱眼福；春秋战国时期的美食也不少，羹、炙、五味脯……大餐，令人回味无穷；建筑古色古香，或是五霸七雄庄严的宫殿，抑或是造福一方水土的水利工程郑国渠，都会给我们带来历史的厚重感；在当时出行，没有汽车、摩托，但可以乘马快奔，也可以悠闲地划一叶扁舟，欣赏优美的园林风景；还有游戏、金钱、教育、医疗、社会保障、节日，甚至是中外交流，在这里都可以逐一领略。更有趣的是，还可以深入内部了解一些秘事，了解这一时期的冷知识。

五百年一梦，蹉跎岁月悠。乱世出英雄，各行其道，各领风骚，列国纷争，精彩夺目！正像人们所说的："春秋战国的智谋堪比《三国》，精彩程度不输《西游记》。"

好了，下面就让我们打开这本书，来看看春秋战国吧。

目　录

第一章　带你去看春秋战国　　001

1. 春秋战国时期的行政区划与人口分布　　002
2. 春秋战国，中国城市发展的第一个高峰期　　005
3. 春秋和战国，紧紧相连却又各不相同　　009
4. "商鞅变法"到底是怎样的？　　013
5. 春秋战国时期的官员制度　　017

第二章　春秋战国的各种精彩　　021

1. 给战乱增添了一抹色彩的春秋战国服饰　　022
2. 春秋战国时期才貌双全的美男子　　026
3. 春秋战国时期被载入史册的女子　　029
4. 崇尚玉饰，可不仅珍贵那么简单　　032
5. 春秋战国的音乐　　036
6. 中国最古老的丝绸深加工技艺　　040
7. 春秋战国时期的陶瓷工艺　　044

第三章　饕餮盛宴，舌尖上的春秋战国　　049

    1. 春秋战国的酒文化　　050

    2. 年糕到底是怎么来的？　　054

    3. 春秋战国时期，人们用什么来烹煮盛放食物　　057

第四章　古色古香，春秋战国建筑知几何　　061

    1. 春秋战国时期的房子，古老而有神韵　　062

    2. 从《考工记》读懂春秋战国时期的建筑制度　　064

    3. 春秋战国时期完善的排水系统　　067

    4. 春秋战国时期都城内的高台宫室　　070

    5. 春秋战国时期的水利工程　　073

    6. 春秋战国时期的园林　　077

第五章　春秋战国的出游　　081

    1. 春秋战国时期的士人文化之旅　　082

    2. 古代邮驿系统就靠速度争取时间　　086

    3. 春秋战国时期的造船业　　090

    4. 走进七大养马区，看马匹对各国发展的影响　　094

第六章　别样小憩，五花八门的娱乐消遣　　099

    1. 要想玩好射礼投壶，规矩可不少　　100

    2. 疯狂的斗鸡游戏　　104

    3. 象棋前身六博棋，玩的就是刺激和心跳　　108

    4. 围棋对弈，当时就已经有绝世高手　　112

目 录

第七章 春秋战国时期的经济 … 117
1. 春秋战国时期的货币 … 118
2. 齐国的强大,离不开管仲的经济政策 … 122
3. 管仲的经济贸易战 … 126
4. 别看春秋战国那么乱,商业发展不含糊 … 130
5. 商业大发展,富商层出不穷 … 134

第八章 教育与医疗,不可不说的人生大事 … 139
1. 春秋战国时期最知名的医生——扁鹊 … 140
2. 春秋战国时期的医学发展 … 144
3. 私学教育,打破阶层界限的教育改革 … 147
4. 百家争鸣,各家学派争相留名 … 151
5. 孔子的教育之道 … 155
6. 孟子的教育主张 … 159
7. 战国时期的高等学府——稷下学宫 … 162

第九章 春秋战国的节庆盛典 … 165
1. 春节习俗的萌芽时期 … 166
2. 介子推与寒食节 … 169
3. "姑姑节"的起源 … 172
4. 端午节的来历 … 175
5. 春秋战国时期的婚嫁流程 … 178

第十章 春秋战国时期的社会保障 … 183
1. 成文法的颁布为何引起激烈的争论? … 184
2. 一代武将李悝的变革之功 … 188

3. 耕地别愁,咱有铁农具! 192

第十一章 神秘莫测,一探春秋战国内部机密 195

1. 轰轰烈烈的变法,凄凄惨惨的结局 196
2. 春秋战国时期的郡县制 200
3. 风生水起,名将崛起 203
4. 虎符的秘密 206
5. 鲁班大师的精巧机关锁 210
6. 造笔的传说 213

第一章

带你去看春秋战国

导语

春秋战国时期到底是怎样的一番景象?地域有多广?城市发展得怎么样?怎样才能知道到底是春秋时期还是战国时期?当时如果经历变法改革,会遇到怎样的情景?接下来就回到春秋战国时期,一探究竟吧!

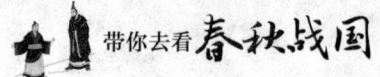

1. 春秋战国时期的行政区划与人口分布

春秋战国时期是一个诸侯争霸、战火纷飞的时代。春秋战国时期是指公元前770年至公元前221年这段时间，历时五百余年。它又分为两个阶段，即春秋时期（公元前770—公元前476年）和战国时期（公元前475—公元前221年）。这一时期是我国历史上的大变革时期，经济制度、政治制度、文化制度都发生了巨大变化。经济上，春秋战国时期是铁器普遍使用的时期，生产力得到了极大的发展；政治上，春秋战国时期是奴隶制度瓦解、封建制度重新定义和确立的关键时期，人们的思想高度活跃，出现了百家争鸣的文化繁荣景象。总而言之，春秋战国时期在中国文化历史上是一个重要的历史阶段。

春秋战国时期是各诸侯霸主争夺天下的混乱时期，春秋五霸、战国七雄都是当时的霸主。因而在这样的历史时期，各个诸侯国的领土和疆界以及统治者对自己国家的划分和管理都显得尤为重要。那么春秋战国时期的诸侯国行政区划究竟是怎样的呢？

行政区划是一个国家行政管理的区域组织系统。行政区域的存在是为了使统治者能够更加有效、积极地掌管整个国家的局面，方便国家有条不紊地进行各项事务。一般划分的依据可以是自然地理位置、经济状况、宗教文化、民族,也可以是人口、军事等不同层次的区别。在中国历史中,行政区划存在的历史是悠久的,春秋初期的时候就出现了"县"这样的基本行政区划,一直延续至今,有两千余年。在原始社会时期,群居的生活方式不需要行政区划存在,人们只要按照部落和姓氏进行日常的生产就可以了。但是,随着社会的发展以及私有制的出现,行政区划也相应而生,逐渐被统治者用来管理和治理国家的各项事务。

春秋时期,在诸侯国内出现了郡、县、邑等行政区划的分类。此时燕、齐、鲁、吴、越、楚等诸侯国纷争不断,与此同时,他们也认识到分封制、世袭制的弊端,由贵族世袭来更新各自的人才和军队是远远不够的,要想国富民强,获得霸主的地位,需要的是更多的能人异士为国出谋划策,有更多的新鲜血液注入国家之内。于是,统治者为了在战乱中对自己已有的国土实现更好的管理,就纷纷任命一些官吏来管辖一定的区域,这样就产生了郡县。此时,郡县的官吏不是由旧时期的贵族子孙世袭,而是改为由君主直接任命,这样一来分封制的弊端就迎刃而解了。这是具有历史性意义的一个改变。

而到了战国时期,君主则将国家划分为郡、县、邑三种行政区划,不过这时的郡县制是郡县两级制度,与春秋时期的郡县制并不相同。

总体来说,春秋战国时期的行政区划制度是郡县制,它始于春秋时期,盛于战国时期,正式确立于秦代。由于郡县制下的郡守和县令都是由君主直接任免的,这样更加有利于君主集中管理整个国家,同时也有利于国家政治局面的安定和经济的稳定发展。郡县制从根本上否定了分封制,打破了群雄割据的战乱局面,为现代行政区划的出现打下了基础。

关于春秋战国时期的人口分布,据史料记载,在秦统一六国的时候,全国的人口不到三千万人,而在春秋战国时期人口数量应约为两千万人。其中人口较多的当属韩国、赵国、魏国和齐国了，这几国的人口数量几乎占了整个春秋战国时期人口数量的一半。秦国气候恶劣，时常有黄河水患的威胁，估计人口不会超过三百万人。楚国人口数量和齐国相当，差不多是在五百万人，而燕国地处蛮夷疆界的地方，备受诸侯国和蛮夷的骚扰，实力不如其他各国，人口数量自然也没有其他诸侯国多。其实，在春秋战国时期，随着各国征伐杀戮，国家人口数量的统计还是有相当难度的，但是对于国家其他方面的实力，比如说军队的人数和军队的战斗力，这些都是可以找到材料作为参考的。

秦国的军队可以说是很强的，在春秋时期，秦国多次打败实力雄厚的晋国，而在战国时期也曾打败魏国这个霸主。尽管在各个诸侯国中，秦国算不上实力最强的，可是最终秦国统一了天下。其次就是吴国，人口仅有楚国的一半，却将楚国打败了，又乘胜追击，将齐国打败了。楚国和晋国在当时都是军事实力很强的国家，越、赵、齐、魏、燕都是当时屈指可数的诸侯国，处于混乱格局的它们，为了自保和繁荣昌盛都不得不发展各自的战斗力来争夺更多的领地和控制范围。

春秋战国时期在中国历史上是一段传奇的岁月。在这样一个战乱纷争、国家林立的阶段，周天子失势，诸侯侵扰，礼崩乐坏；可是在这段时期，生产力发展了，社会制度改变了，文化方面也出现了百家争鸣的繁荣景象，这样一场思想浪潮的翻涌，文化的激烈碰撞，怎能不值得人夸耀一番？

大动荡、大变革、大发展是对春秋战国时期的时代特点的精准概括，也是对这个时期的一种认知和体悟。不禁令人感叹豪杰的骁勇善战，感叹思想家们的进步思想，感叹社会制度巨大的历史性变化。春秋战国时期，给人们的不仅是惊喜和意外，还有人生的体悟和思考，让人们敢于迎接挑战，敢于面对变化。

2. 春秋战国，中国城市发展的第一个高峰期

春秋战国时期是中国城市迅速发展的时期，也是中国城市发展的第一个高峰期，给后世的城市发展带来了深远的影响。当时各国都城大变动，数十或数百个都城并存，都城的数量和规模都不断扩大。各个都城在形态、功能上都发生着很大的变化，因此春秋战国时期的政治、经济、文化也得到空前的发展。

春秋战国时期，各诸侯国为了发展自己的都城，想尽办法采取迁都的方式。各诸候国都有自己迁都的原因，这些原因总结起来就是寻找更加良好的生存环境和更广阔的发展空间；弱小国受到强国威胁，为了躲避危险，保全自己而迁都，等等。

各诸侯国把都城放在一个更加有利的地理位置上，因为这样可以为都城的发展提供良好的条件。那么，这种有利的地理位置到底在什么样的地方呢？

水是生命之源，人类要想生存，必须要有水资源。因此，这些国家大多会把都城选在两条河流的交汇之地。都城临河，这样水源的问题就得到解决。不仅如此，两河交汇之地一般多平原，有利于农作物的种植，为农业发展提供了便利的条件，有了粮食作为基础，都城才

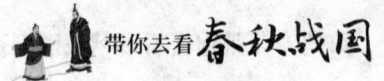

有强大的后盾。

《管子·乘马》中曾写道:"凡是营建都城,如果没有建立在山脚下,就应该建立在广袤的平原上,而且高低须适宜,在高处不能缺水,在低处不能出现排水困难的情况。在建造都城时,要充分依托客观的自然条件,因地制宜,因势利导。城市不一定非要方正规整,道路也不一定非要整齐笔直。"

迁都的过程是尝试寻找最佳发展区域的过程,许多著名的都城都是经过一系列迁徙而最终确立的,比如齐国的临淄、晋国的新田、赵国的邯郸、楚国的郢城、秦国的咸阳、吴国的吴城等。很多当时的诸侯国都历经两千年仍然存在,继续发挥其重要的作用,可以说是城市发展史上的奇迹,其中也包含着都城选址与建造的合理性。

这些诸侯国迁都的原因,大都是想要寻找广阔的发展空间,以利于其势力的发展和领土的扩张,这样迁都才能够使自己得到更好的发展。列举其中几个典型的诸侯国。比如,秦国在咸阳建立都城,目的是想要控制肥沃的平原,向东方发展,一步一步地实现其雄霸天下的宏图大业;魏国在大梁建都,尽管有避开秦国威胁的目的,但也是为了拓展发展空间,控制平原;齐国的都城淄博,土地非常肥沃,适合农耕,渔业也比较发达,齐国选择这里建都,目的就在于控制财富;楚国的都城选择在郢城,主要是因为郢城处于长江中游地带,又紧挨江汉平原,物产丰饶。

各诸侯国无论是在处于盛世的时候迁都,还是在处于衰势的时候迁都,都会影响本国的命运,它在客观上也推动着中华民族的多民族融合。因为每一次迁都都必然带动人口和文化的大交流,于是便拉近了各民族之间的心理和空间距离,文化认同感也逐渐增强。

随着都城转移,很多封国或者部族也随之转移,就这样在多次的迁移过程中被大国兼并，融合在华夏民族中。整个华夏民族就是这样不断吸收文化并创造文化，逐步形成汉民族共同体。

许多诸侯国的都城慢慢成为本国的一级城市，并与其他城邑一起发展，构成了完整的国家城市发展体系。众多诸侯国的城市体系结合在一起发展，就构成了华夏族的城市发展体系。

各诸侯国的都城是本国的政治和文化中心，随着商业的发展，还在城内设有市场，带来经济的繁荣发展，因此这些都城也成为全国性的经济中心。比如，周王朝的都城洛邑交通发达，发展成为贯穿齐、秦、楚、赵的交通枢纽，是一个"往东可以与齐鲁做生意，往南可以和梁楚做生意"的大型商业都城。

据考古资料记载，春秋战国时期的都城发展在形态上以方形为主，突出宫城的主体地位，宫殿建筑大多是高台，整体以中轴对称布局，用城垣作为屏障。这种布局较为规整，但是有的都城因为受地形条件的限制而呈现出不规则的形状，这说明城市的规划不死板，以实用为主。

在城郭布局上，以内城外郭或小城连着大郭最为普遍。不过，这一时期的城郭布局非常灵活，许多都城的城郭布局是随着城市的迅速发展而在老城区之外扩建形成的。

城郭制度在城市的发展历史中具有十分重要的意义。其中，郭的出现是对等级制度的突破，也是城市人口大量增加的结果。郭具有两种职能，分别是军事防御和经济中心。随着经济不断发展，郭的规模日益扩大，其经济中心的作用就越发明显。这样一来，作为政治中心的城与作为经济中心的郭相结合，城市由单纯的政治中心开始转变为多元的政治、经济、文化中心。

春秋战国时期的都城布局初步奠定了未来的都城分布格局。夏、商两代都城沿黄河中下游两岸发展，周代都城沿渭河—黄河一线发展，空间上构成都城发展的东西两极格局。而春秋战国时期的都城除了呈东西轴线发展之外，也呈现出向南北两个方向发展的态势。

　　总的来说，春秋战国时期的都城发展是中国城市发展的高峰，这在政治、经济、文化方面都有很大的体现，对后世的城市发展产生了深远影响，为后世城市的规划布局以及功能奠定了基础。

3. 春秋和战国，紧紧相连却又各不相同

春秋战国常常被人们误会成同一个时代，那么如何区分这两个时代呢？下面就为大家详细地列举两个时代的不同。

首先，周朝分为西周和东周，周平王迁都洛阳是东周开始的标志。东周又被划分为两个时代，分别是春秋时期和战国时期。春秋时期是从公元前770年周平王迁都至公元前476年，这一名称来自《春秋》这部著作，也就是《春秋经》，它是记录了从鲁隐公元年（公元前722年）到鲁哀公十四年（公元前481年）的鲁国史书，相传由孔子修订而成。战国时期则是从公元前475年至公元前221年秦始皇统一六国，战国的得名就容易理解，因为在这一时期诸侯争霸，战争频繁，是一个民不聊生的时期。

我们一般把三家分晋、田氏代齐作为春秋与战国的分界线。三家分晋发生在春秋末年，当时主政晋国的霸主晋文公分设六卿掌管军事大权，到了晋平公时，韩、赵、魏、智、范、中行氏六卿权力日益壮大，矛盾加深。先是韩、赵、魏、智四卿联手将范、中行氏赶走。公元前455年，智氏在韩、赵、魏的打击下也灭亡了，韩、赵、魏毫不客气地瓜分了晋国。公元前403年，韩、赵、魏三家派代表向周天子

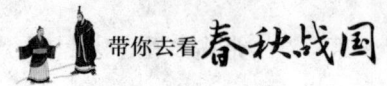

要求把他们三家封为诸侯。当时三家掌握着军事大权，实力强大，周天子已是无可奈何，就做了个顺水人情，把韩、赵、魏三家封为诸侯，之后三家成为中原大国，加上其他四个大国秦、楚、齐、燕，并称为"战国七雄"。

三家分晋之后，齐国国内也发生了政变，这便是发生在战国初期的田氏代齐事件。齐国是东部的大国，为姜太公后代的封地。公元前672年，当时齐国的霸主齐桓公从陈国招收了公子陈完，意欲让陈完负责齐国的建筑工程，让他以"田"作为自己的姓氏。从此，陈完便在这里扎根，到了公元前489年，田氏第五代田乞官位到大夫，发动政变，使用心狠手辣之计迫害了当时齐国的国君齐景公，扶持齐悼公作为新一代的国君，田乞的官位也一跃成为齐相，将朝政大权掌控在自己手中。到了田和这一代，他干脆把当时的国君齐康公赶到齐国的海边，自己做了齐国的国君。公元前386年，田和成为周天子的诸侯，仍继续使用齐的国号。

接着再从政治、经济、文化上区分春秋和战国两个时代的不同。春秋时期，周朝君王的势力不断削弱，诸侯势力日益壮大，矛盾激化，开始了诸侯争霸的局面。春秋战国的战争都是诸侯为了争夺土地、人民，支配其他的诸侯国，但两个时代的战争性质并不相同。春秋属于奴隶主阶级的争霸战争，而战国属于地主阶级的统一战争。

政治上，春秋时期的政治矛盾在于各诸侯国争霸，井田制开始瓦解，私田制取而代之，所以各诸侯国为了增强国力，争做霸主，便改革内政，发展生产，调整税制。齐国管仲的"相地而衰征"，就是征税的多少取决于你自家拥有多少土地且质量如何；也有鲁国实行的"初税亩"，就是公平公正地按亩收税。这一时期改革的重点在经济、军事方面，尤其是在赋税制度上，其性质属于维护奴隶主统治、富国强民的政策改革。战国时期的政治矛盾在于土地私有制的发展，新兴地主阶级势力壮大，法家思想的形成。战国时期各国为了确立封建制，建立地主阶级统治，便立法废除井田制和封建贵族的特权，不再实行分封制，改为推行郡县制。这一时期的变法涉及经济、政治等方方面面，历史上著名的魏国李悝变法、楚国的吴起变法、秦国的商鞅变法均包含这些方面。到了战国时期，周朝的礼乐制、宗法制、分封制、井田制等基本上已经土崩瓦解，而战国变法的性质属于新兴地主阶级的封建化改革。

经济上，井田制下的春秋时期多以集体生产为主，铁犁牛耕刚开始出现；而到了战国时，井田制逐渐衰弱，最终确立了私田制，铁犁牛耕也普遍推广使用，家庭式农业兴起，封建小农经济得到发展。水利方面，春秋时楚相孙叔敖在淮水修建芍陂；战国时李冰主持修建了都江堰，成都也因此成为著名的"天府之国"。手工业渐渐与农业分离，手工分工更加明确细致，手工技术也得到巨大进步，特别是在冶铸业、漆工艺、煮盐业、酿酒业等方面有很大的技术突破。商业也日益发达起来，在中原地区的市场可以买到各地的特产，同时出现了铜币类的货币。在春秋时期，人们更加崇尚金银珠宝，到了战国时，人们将拥有更多的金属货币作为财富的象征。此时城市也繁华起来，如齐国的临淄、赵国的邯郸、楚国的郢都等，城市的规模也在不断扩大。春秋时各诸侯国单纯地控制属于自己的城邑及其附近地区，城邑之间有大量荒漠地，诸侯国只有"点"的片面概念；到了战国时期，大片的荒漠地得到人为开发，城邑之间建立起了联系，诸侯国之间实现从"点"到"面"的进步。

文化上，春秋战国时期文化激荡，出现大批名儒，以孔子为代表的儒家思想，核心是"仁"，教育思想是"有教无类"；以老子为代表的道家思想，其学说含有朴素的辩证法思想，政治上主张"无为而治"；以墨子为代表的墨家思想，主张"兼爱""非攻""尚贤"，墨子的思想代表了千千万万老百姓的利益；还有以韩非子为代表的法家，韩非子作为战国时期法家的集大成者，主张按照现实需要进行政治改革，"以法为本""法不阿贵"。相对于春秋时期，战国时百家争鸣的场面更为盛大，对政治的影响也更为深远。各诸侯国为了吞并其余各国，统一天下，纷纷采用各种政策吸引人才，如魏国的西河之学和齐国的稷下学宫。教育上，春秋时期主要以官学为主，"学在官府"，教育的对象主要是贵族学子；而春秋末期孔子带来了私学的思潮，到战国时期私学已经取代了官学成为教育学的主流，教育的对象与阶层范围更为广泛。

春秋诸侯争霸与战国兼并战争是这两个时代的主要政治局面，都在一定程度上推动了统一多民族国家的形成，而社会大变革下导致的"百家争鸣"局面也促进了我国思想文化的繁荣，为我国思想文化的发展奠定了基础。

4. "商鞅变法"到底是怎样的？

《周易·系辞下》中说："穷则变，变则通，通则久。"这句话的意思大体是说，当事物发展到极点的时候，就要发生变化，这样才会通达，使得事物能够继续发展而不受到阻碍。也就是说，在面临一些不能跨越的鸿沟时，就要变通，进行革命和改革，来维持事物的发展进程。这个道理是显而易见的，实践中人们也常常是这么做的。变通是历史的馈赠，给予每个人一个新的思路和观点。在春秋战国时期也不例外，这样的变通也在不断地发生着。

春秋战国时期是奴隶制崩溃、封建制度确立的一个大变革时期，这一时期人们的思想高度转变，敢于推翻历时一千多年的奴隶制。正是因为有着这些变革的思想以及变革的实践存在，社会和历史才能逐步发展得更加"人性"和"科学"。说到变革，在这段时期不得不提到的一场变革就是商鞅变法。

秦孝公是一位很有魄力的君主，他十分迫切地希望秦国能够繁荣昌盛，在七雄当中独具优势。一次偶然的机会，秦孝公认识了商鞅这个人才，求才若渴的他便将其重用。当然，商鞅变法不是一蹴而就的，商鞅在整个变法进程中一步步不断地探索寻找着一些合适的方式方法

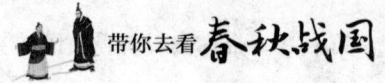

来推进秦国的改革。

起先,秦孝公为了强兵富国,打算在秦国进行变法。但是为了排除一些人的阻挠,秦孝公决定在国内召集臣子议论这件事,让商鞅和那些不同意变法的臣子们争论变法的利弊,这为之后的变法顺利进行打好了基础,这就是历史上所说的商鞅舌战群儒这件事。有了舌战群儒这件事作为导火索,变法之势已经一发不可收拾了。

在商鞅变法的条例具体实施之前,商鞅唯恐百姓们不相信自己,于是进行了一场立木为信的活动。商鞅下令在都城南门外立一根三丈高的木头,并且许下承诺:"谁能够把这根木头搬到北门的话,就可以得到十两黄金。"起初人们都很诧异,没有人行动,大家不相信商鞅所说的。但是,商鞅将赏金增加到五十两之后,有人开始跃跃欲试。果然,在有一个人把这根三丈长的木头搬到北门后,商鞅立即下令赏给这个人五十两黄金。众人惊讶不已,这件事情也在百姓之中口口相传。与此同时,商鞅在百姓当中也树立了自己的威信,此举为之后变法的实施做了不小的铺垫。

商鞅变法在政治方面的主要内容包括三点。

一是废除世卿世禄制度。在奴隶制度下,人们普遍实行的是世卿世禄制,即所谓的"一代为官,代代为官"的制度,贵族和百姓的界限是十分明显的,当然,这一制度的弊端在历史的演化过程中越来越突出。一方面贵族们安于现状,逐渐形成了奢靡的社会风气和不思进取的现象;另一方面,百姓即使有才能、有抱负也无处施展,只能甘于"命运不公"。而商鞅变法的这一内容极大地触动了旧阶级的地位和利益,自然引起了贵族们的一致反对,但是这一制度的思想可以说是相当先进的。它使得优秀的社会精英能够有机会进入秦国的大臣之列,能够为国出谋划策,使得秦国的思想活跃了起来,政权也更加

第一章　带你去看春秋战国

稳固。

二是建立军功爵制。军功爵制的实施是世袭制的进一步瓦解，在军功爵制的实施下，旧贵族的爵位世袭的形式已经不存在了，没有军功的贵族子孙地位必然要下降；另一方面，普通的百姓如果建立军功的话就可以升爵。这一制度的实施使秦国的军队质量得到了很大程度的提升，提高了秦国军队的战斗力，是强兵的一个极好策略。秦国的普通百姓纷纷当兵入伍，一时间秦国的军队力量得到了有效补充。

三是实行连坐制。商鞅在变法中将五家称作一伍，十家称作一什。在这十个大家庭当中，每家每户之间都是有着无限连带责任的，当其中一家人犯法的时候，其余的家族都要同罪论处，而摆脱连坐的办法就是告奸。商鞅实施这项变法，将全国的百姓编织成了一个个的网络，便于中央的集权管理。可见这项变法的实施，有利于社会整体风气的整顿，是强国的一大谋略。

另外，在经济方面，商鞅也进行了一些具体的变革措施。

一是废除井田制度。井田制度在一定程度上是由于之前生产力发展得不充分的结果。到了春秋战国时期，生产力发展水平已经远远超过之前了，百姓已感受到可耕种土地的局限。也就是说，此时人们的生产已经为所拥有的土地数量所局限，不利于国家的发展。于是商鞅在变法中废除井田制，承认土地的私有，准许土地买卖。这样的土地所有权形式，使得百姓能够充分地投入社会生产之中，国家的赋税也有了充分的保障。

二是奖励耕织。变法规定，不当兵的男子如果耕地产的粮食多，妇女如果织的布匹多，同样可以受到奖赏或者晋升爵位。而且商鞅在变法中规定了强制分家的政策。一家当中只要有两个及以上的成年男性，那么就必须分家，否则就要强制增加赋税。分家使得家庭户增多，而国家是按户征税的，这样一来，国家的征税得到了保障，也会因此富裕起来。

商鞅变法既涉及政治制度，也涉及经济制度，他的变法必然会触动那些世袭贵族的根本利益，遭到他们的阻挠和抵抗。因此，商鞅经过立木为信等一系列活动循序渐进地进行变法，使得变法水到渠成。

商鞅通过变法使得秦国繁荣昌盛，为后来秦始国统一六国奠定了坚实的基础。

5. 春秋战国时期的官员制度

春秋战国时期是一个特殊的历史时期。这一时期中国社会正在发生着巨大变革，随着生产力的发展、文化的繁荣、政治上旧制度和统治思想的崩塌，在诸侯争霸天下的局面里，新的政治制度应运而生，由此也产生了这个时期的选官制度。

接下来咱们一起来看一看春秋战国时期的四种选官制度。

第一是军功爵制。这是封建社会历史上的第一个选举官员的制度。魏国最先变法，倡导推翻以前以"亲、故"作为奖赏的标准，而重新提出了"察能而授官""食有劳而禄有功"的观点和想法。军功爵制动摇了奴隶制时期世袭制的选官制度的根基。

魏国变法以后，其他诸侯国纷纷效仿变法，其中尤以商鞅变法最为有名。商鞅实行二十等爵制，奖励军功，"有军功者，各以率受上爵"，意思是说，只要是有军功的人，不论这个人的出身、阶层是怎样的，都会受到奖赏或提拔为官员；另一方面，"宗室非有军功论，不得为属籍"，意思是说，贵族没有获得军功的就不能获得爵位、享受特权。

在军功爵制的影响下，世袭制在一定程度上受到了重创，王权贵族的子孙后代不可能再仅仅通过"血缘之亲"而轻而易举地得到相应的官爵和地位，没有军功的贵族后代的身份也只是与普通百姓一样。可见，军功爵制是通过"选贤任能"的方式来选拔人才。当然，这与当时特殊的历史背景是分不开的，在诸侯争霸的混乱局面下，统治者们都希望能够有贤才能士成为自己的左膀右臂，为自己上阵杀敌、出谋划策。

军功爵制在很大程度上能够激励那些贤才能士展露自己的才能，也让整个社会都处于积极的氛围中，这一制度的实行对于国家强兵富国目标的实现起到了很大的推动作用，更重要的是，以才论功、以能行赏的想法是人类思想的一大进步。

第二是荐举制。军功爵制还只局限于武将，而在选举文官方面主要产生了荐举制，它是中国历史上重要的一种选官制度。荐举制是指推荐选举有才能的人，授予其相应的官职，和军功爵制一样，都极大地冲击了世袭制的根基。荐举制也叫察举制，荐举的依据就是被荐举人的德、才等方面，德才兼备的人才能被推荐，这显然与之前的"世袭制"是格格不入的。根据形式不同，荐举可以划分为内举、外举和自荐。所谓的外举就是一个团体内的人向统治者推举有才能的人并授予其官职，外举就是团体以外的人向统治者推举贤才；自荐是自己推荐自己，就是所谓的毛遂自荐。这是一种自下而上的选官形式，官员或者其他人根据统治阶层的诏令，通过考察来向统治阶层选举出有才能的人并推荐。选举的主要内容包括贤良方正、孝廉、太学博士弟子以及特举特科等。

荐举制的出现可谓是利弊参半的。一方面，它在一定程度上冲击了世袭制的腐朽根基，打开了选官制度迈向新征程的大门；另一方面，它的弊端也随着逐步实行而渐渐显露出来：选拔官员的过程中会出现

第一章　带你去看春秋战国

弄虚作假、勾结党羽、徇私舞弊的现象。也正是因为这些现象的存在，荐举制失去了它的效力和独具的优势。

第三是养士制。除了自下而上的荐举制以外，当时还出现了自上而下的养士制。由于春秋战国时期动荡的社会局面，统治者对于贤才能士的渴望是无法言说的，而养士制就是统治者们通过养士的方式召集一大批贤人在自己周围，为自己出谋划策，帮助自己争夺地盘，称霸天下。

战国时期，养士之风更盛。养士最多的是所谓战国"四君子"，也就是赵国的平原君、齐国的孟尝君、魏国的信陵君和楚国的春申君。仅孟尝君门下就有三千人。这些养士们有的是招募的，有的是自荐的，有的是被别人推荐的。他们中有的是智勇双全的人，而有的是鸡鸣狗盗之人，但也不乏有一些才能超群的人，为统治者积极出谋划策，宣扬统治者的思想，游说四方。这些人并没有绝对意义上的官职，也就是说他们并不一定担任某种官职或领取俸禄，可是他们的身份得到了当时社会和他人在认知程度上的一致认可。可以说，养士们更像是统治者的"智囊团"，有了"智囊团"，国家的发展和兴盛在一定程度上进展更快。

战国时期的养士对权贵有很高的期望值，不但要求他们能满足自己很高的物质待遇，还要求他们懂得人才，善于使用人才。而且，养士们是不分贵贱的，就是说他们受尊重的程度完全由他们的才能来决定，不管身份是尊是卑。权贵者更要做到充满仁义，礼贤下士，不能因为自己的尊贵身份就看不起养士。

第四是游说自荐制。很多有才华的人为了进入仕途，或者是为了宏图大志，或者是为了心中理想，往往自己寻求上升途径，他们会在各国之间奔走，寻找机会。他们有的直接给当地的国君上书，有的进行游说，阐述自己的政治主张和治国方略，在获得国君的信任后就能获得重要职位，由文人学士晋升为高官。游说自荐制也对奴隶制社会世袭特权产生了冲击，使越来越多的能人志士为国家做出贡献，国家机器的运转效率也得到空前提高。然而，这种选官制度其实是不合理的，因为它极具偶然性，国君往往为某位能人志士的一句话所打动，就封他一官半职，所以国君的感性也为国家的秩序埋下了不稳定的祸根。

春秋战国时期的四种选官制度各有各的特征和背景，并且都各有利弊。选官制度的变革本身就是思想的进步和跳跃，更不必多说实行这些制度给统治者带来的巨大影响了。天下兴亡，匹夫有责。官员选举制度的发展也推动着社会的发展和变革，这是不可否认的事实。

第二章

春秋战国的各种精彩

导语

你以为春秋战国时期的穿衣风格很单调,那就大错特错了。那时候,一些人身佩玉饰,充满富贵感;同时可以聆听到动人的音乐,佩戴美丽的刺绣制品,欣赏精致的陶瓷制品。

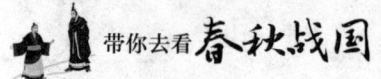

1. 给战乱增添了一抹色彩的春秋战国服饰

不论人们生活的时代如何变化，衣食住行这一系列的事物与人们的生活总是密切相关的。而"衣"作为衣食住行之首，在人们日常生活中起着不可或缺的作用。每一个历史阶段的服饰都有着各自的特点和独有的魅力，呈现的是当代的文化背景和思想潮流的走向。诚然，春秋战国时期也有自己独特的服饰文化和服饰风格。春秋战国时期，是旧制度、旧统治秩序被破坏，新制度、新秩序确立，新的阶级力量在壮大的时期。这一时期，生产力得到了突飞猛进的发展。正是因为生产力的发展，最终导致国家制度、文化、经济等各方面产生变革与进步。

在思想方面，春秋战国时期诸子百家各执一词地阐述着自己的核心思想，整个文化领域表现出百家争鸣的繁荣景象。思想家们观点的激烈碰撞使得这一时期的文化到达了中国文化历史上的巅峰时期。而儒家、道家、墨家、法家等各流派在服饰文化这一方面也是观点不一：儒家强调真正的君子要内外兼修，使得自己的外在服饰与自己的内在修养达到一致的程度，也就是说"质胜文则野，文胜质则史。文质彬彬，然后君子"。而道家则更赞同"被褐怀玉"的思想，他们觉得真正的君子更重要的是内在的品质而不是外在的穿着与服饰，只要是有真才实学的人都是值得被敬重的，即使是身穿粗布衣服。墨家则主张"节"，对于衣服，只要能够满足人们的日常用途即可，不必过分富贵华丽，可见墨家强调的是节俭。其他流派的思想就不一一阐述了，当时各家思想的碰撞是非常普遍的。

春秋战国时期的服饰总体上来说是汉族传统服饰的一种。由于生产力的发展和铁具的大范围使用，原本经济发展水平低的小国纷纷垦地缲丝，扩大生产，发展自己的经济，逐渐摆脱了周天子的"礼治"制度，由于自己的经济的发展和生产技术的进步，人们制作衣服的材料也随之改变。总的来说，这是一次历史上服饰文化的变革时期。

春秋战国时期的服饰纹样造型在总体上来讲比较夸张，直线与曲线交融展现出服饰的魅力，但是在这之中，直线的使用是占了多数的，也正是这样才体现了这一时期严峻的服饰风格。服饰风格更注重生动形象，添加了展现自然美的元素，展现了春秋战国时期的灵活设计理念和当时人们思想的巨大变化。春秋战国时期最具有代表性的服饰就是深衣和胡服了。

深衣也叫绕襟袍。由于着衣者从上往下看衣身比较长，所以叫作深衣。深衣的服饰特点是上衣与下衣是连在一起的，在腰部缝合连接上衣和下衣，表达"尊祖承古"的含义。这样也能隐藏身体，展现出穿衣者雍容典雅的气质。

深衣的出现对后来的服饰发展有着很大的影响，譬如现代的连衣裙就是由深衣这一服饰逐渐发展和变化而来的。深衣的历史可以追溯到西周时期，它是贵族的常服，但是平民也可以当作礼服。到了春秋战国时期，深衣的版式和形态已经发生了变化。深衣材质多是麻布，颜色也有黑白和其他深色之分，不一样的颜色也适用于不同的场合。

深衣的束腰带也是受到了游牧民族服饰的影响，在之后的发展过程中也有用皮革腰带的风俗。

胡服不是特指的一种服饰的名字，而是作为一种汉人对北方少数民族和西域地区服饰的总体称呼，属于一种泛指。胡服的特点是衣服窄而小，袖口、裤腿都比较小，衣服偏短，有长裤和裹腿。当然，这种服饰风格和胡人的生活习惯是密不可分的。胡人多擅长骑射，这样简练的衣着便于他们活动，如果换成中原地区的长衣阔袖，势必会影响他们的日常活动。

提到胡服，就不得不说到一位军事家赵武灵王。他实行了"胡服骑射"的军事改革，改变了军队的作战方式。赵武灵王十分关注军队的战斗力，当时赵国的军队虽说是精兵良将的阵容，可是细心的赵武灵王却观察到，赵国军队中的士兵、将士们人人身穿大长袍，还穿着厚重的铠甲，所以给自己衣服扎结这一项事宜就够烦琐的了，更不用说行军或者是打仗时的不便之处了。赵武灵王看到了胡人服饰的精练之处，于是效仿了胡人的服饰。军队的服饰改变之后，将士们学骑射也更加便利了，不得不说，赵国军队的强大与这场军队内的服饰变革是密不可分的。服饰的变革竟然可以提高军队的战斗力，这也是不可小觑的。

首饰和配饰是服饰中增添亮色的重要部分，服饰上的装饰品变革也是服饰文化变革的一个方面。远古时期人们就懂得使用配饰，甚至可以说人们使用配饰的历史比服饰的历史要久远得多。由于技艺的进步，春秋战国时期的很多配饰也是非常精美的。配饰不仅体现着人们对于事物的审美观，其中更是渗透着人与人之间的等级制度内涵。配饰当中玉佩和带钩的出现最多。带钩的材质也是各不相同的，有玉、金银、铜、铁、青铜等，而玉佩也是种类繁多，分为全佩和组佩等，镏金的情况也是多见的。

　　服饰是文化的一个缩影，在历史时代的变迁中，服饰也处处体现着历史时代的背景和文化的内涵和深意。虽然不能说一件衣服就可以产生如此大的作用，但是服饰已经不再仅仅是体现人们审美的一件东西了，在它的背后传承着更加深重的内涵，这需要人们细细地去感受和品味。

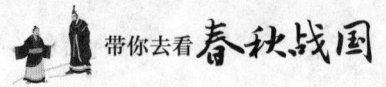

2. 春秋战国时期才貌双全的美男子

春秋战国时期名人众多，其中有很多人对我国的后世产生了巨大的影响，这其中有很多的政治家、文化家、外交家，而具有这些称号的多数是男子，其中不乏才貌双全的美男子。先来说一说魏国的龙阳君、齐国的邹忌和楚国的宋玉。

龙阳君可谓是魏国数一数二的剑术高手，他是一个很努力的人，在政治方面也有着极高的天赋，经常代表魏国出使他国。龙阳君可以在不同场合扮演不同的身份，计谋家、武术家、外交家等，不一而足。

邹忌是战国时期的齐国人，是齐桓公田午的大臣，著名的政治家。后来在齐威王时期，他担任相国，主张改革政治，修订新的法律，选拔有用的人才。在奖励方面，更是赏罚分明，可以说正是因为他，后来的齐国才逐渐强大起来。

宋玉是战国晚期宋国的太子，投奔楚国之前是宋国的国君，人长得英俊无比。当时宋玉住在楚国的新宅时，被邻居家的女子爱慕并窥视了三年。宋玉年轻俊美，生于贵族，品位高雅，矜持又有修养，不仅如此，他还能言善辩。他的美貌流传千古，宋玉《招魂》中描述美女的眉形，这就可以当作宋玉眉形的参照。他的鼻形应当很挺拔，而

第二章 春秋战国的各种精彩

且性格温和，因为如果他心思狠毒，就不会轻易被父王的党羽排挤。人们形容男子俊美的容貌都用"颜如宋玉，貌比潘安"，由此可见，宋玉的颜值是很高的。宋玉也是出了名的才子，一些著名的成语"下里巴人""阳春白雪""曲高和寡"等都是出自他的手中。男子的潇洒和成熟都体现在了他的身上，宋玉以美貌及楚辞获得天下第一风流才子的称号。

提起春秋战国时期的美男子，还有一个人不得不说，他就是魏昭王之弟安陵君。安陵君是战国时期一个小国安陵国的君主，安陵国属于魏国的封地，安陵君最得力的手下之一就是唐雎。安陵君在少年时俊美无比，到了青年时更是英俊潇洒，性格沉稳，在当时可以说是迷倒万千女子，其魅力简直不能用语言描述。当然，安陵君不仅长得好看，他还知人善用，才使弱小的安陵国免于灭亡。当他被秦王胁迫时，派唐雎出使秦国，成功说服了秦王。

接着来说一说春秋战国时期最能说的男人——张仪。春秋战国时期非常混乱，那时群雄四起，为了增强实力，各国相互联盟，有时也会因为一些十分琐碎的事情大动干戈。打个十分有趣的比方，这个时期的大多数诸侯国就像一群调皮的小孩子似的，每天不折腾一下都不安心。为了自己的利益，很多诸侯国派出游说之士，张仪就是其中的一员。张仪为自己的妻子所嫌弃，但是他却能凭借自己的聪明才智说服君主美貌的妃子替他求情，可以说这个人的一生是非常有趣的。虽然历史对他相貌的记载并不详细，但是也可以想象如此伶牙俐齿、八面玲珑的人，其长相也一定是超乎常人。

最后要说的是公孙子都。公孙子都是春秋时期郑国国都新郑人，新郑就是今天的河南省郑州市。公孙子都是郑国的宗族子弟，他的样貌英俊端庄，并且还有一身的好功夫，擅长射箭。郑庄公很器重他，甚至到了偏爱的地步。几乎全天下的人都知道他的美貌，甚至得到孟子的认可，所以《孟子》中写道："至于子都，天下莫不知其姣者也。"据记载，《诗经·国风·郑风·山有扶苏》中写道："山有扶苏，隰（xí）有荷华。不见子都，乃见狂且。山有乔松，隰有游龙。不见子充，乃见狡童。"意思是说，一个女子本来要跟某个少年约会，可是她左等右等也等不到他，心上的美少年迟迟没有来，却见到了一个愚笨的傻瓜。

在这首诗里，"子都"成了美少年的代名词。这也从侧面说明公孙子都长得很英俊，甚至是郑国贵族女子们爱慕的男子。这样一位翩翩公子见证了郑国的发展壮大，想必在当时他应该会受到启发，成为一位积极上进的人。不过据史书记载，公孙子都在当时属于比较阴险的人物角色，在战场上用一些手段害死了郑国的武将，以至于留下了不好的名声。

春秋战国时期的美男子可谓争奇斗艳。中国历史上的每个朝代都对美男子的审美提出了不同的标准，而且史书上描述古代男性的容貌并不如描述美女那样细致入微，语言大多含蓄隽永，好似犹抱琵琶。

3. 春秋战国时期被载入史册的女子

不论在什么时代，女性都扮演着重要的角色。经历过母系社会，还有男尊女卑，女性不断更换角色。当然无论是朝代更替还是世事变迁，总有一些女子被史册记载，在民间流传着她们的事迹，为后人所熟知。

春秋战国时期都有哪些美貌的女子呢？想必大家首先想到的应该就是西施了，这是中国古代四大美女中第一个出场的人物。西施，原名施夷光，春秋末期的浙江诸暨一带人氏，又称西子，天生丽质，是家喻户晓的美人。我们也都知道好多有关西施的成语，有"西子捧心"和"东施效颦"等。西施不仅是个大美人，而且她的行为更加受人尊重。在国难当头之际，西施忍辱负重，以身许国，成为吴王最宠爱的妃子。

还有一些美女不仅相貌出众，还在当时有过丰功伟绩而被后人传为佳话。

齐姜是齐桓公之宗女，晋文公的夫人，是位有胆有识的女子。作为春秋五霸之一的晋文公，他的成功虽然得力于天时、地利与人和各项条件的配合，但是他的夫人苦劝丈夫抛弃安乐，冒险犯难，也是晋

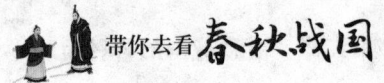

文公称霸的至关重要的因素，所以晋文公夫人的远见和魄力深为后人所称道。

穆姬是晋献公的女儿，公子申生的姐姐。晋献公将她嫁给了西方的霸主秦穆公，结成了千古传诵的"秦晋之好"。她与秦穆公的婚姻也可以说是中国史上最有名的、最早的也是最成功的和亲。

最后介绍的这位才女就是许穆夫人，其为姬姓（直到汉朝为止，有很多女性都是没有名只有姓的，用某姬来表示其身份）。许穆夫人于公元前690年出生在卫国都城朝歌定昌，是卫昭伯与宣姜的女儿。由于长大后嫁给了许国的许穆公，所以称她为许穆夫人。一开始，许国的许穆公前来向她求亲，而齐国的齐桓公也向她求亲。卫国本来想要让她嫁到许国，许穆夫人觉得许国太弱小，不愿意嫁到那里，而是决定嫁到比较强盛的齐国，而且齐国距离卫国也比较近。只不过她的主张没有被采纳，所以最后还是嫁给了许穆公。后来，翟人攻打卫国，很快就要占领卫国，许国国力太弱，没有能力施以援手，正是依靠齐国的帮助才使卫国恢复安全。许穆夫人知道这个消息后，决定回去救国，许穆公不愿意让她回去，本想阻挠她，但最后没有办法也只好放她回去。公元前659年，许穆夫人为了表达对齐国的感谢，也为了表示自己救国的决心，写了一首叫作《载驰》的诗歌来记录这件事。许穆夫人也是我国历史记载的第一位爱国女诗人。

当然，历史上有正面人物就会有反面人物，在当时产生不好影响的女子有哪些呢？这就让人想到了一笑倾城的美女——褒姒，周幽王为了博褒姒一笑而烽火戏诸侯，自食亡国命运，使褒姒千百年来受尽唾骂。可是，周幽王烽火戏诸侯并不是她幕后指使的，为什么要指责她呢？当然，历史的真相恐怕难以完整还原，作为后人，也不便做过多评价。

第二章 春秋战国的各种精彩

春秋战国时期还有一些女性对权力有着莫名的欲望，比如晋献公的宠妃骊姬，她是山西人，是骊戎首领的女儿。公元前672年，晋献公把她掳入晋国，让她当了自己的妃子。后来，她用离间计使晋献公与申生、重耳、夷吾父子兄弟之间的感情产生了裂痕，并设计杀死了太子申生，这就是历史上著名的"骊姬倾晋"事件。

另一个贪慕权力的美女是郑袖，她是战国楚怀王的宠妃。郑袖拥有绝世美貌，而且非常聪慧。由于楚怀王也宠爱魏美人，郑袖便产生了嫉妒之心，向楚怀王说魏美人的坏话，让怀王割了魏美人的鼻子。据说郑袖还曾迷恋屈原，但没有达到目的，于是她便诬告屈原，让楚怀王疏远他，并把他发配到汉北，就这样，屈原后来一直郁郁不得志。不仅如此，郑袖还干预朝政，收受贿赂，把张仪放走，最终使楚国遭到灭顶之灾。

通过了解这些，可以发现女子在历朝历代中起着重要的作用。

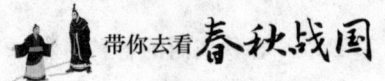

4. 崇尚玉饰，可不仅珍贵那么简单

春秋战国时期，诸侯国之间进行友好往来，会互相赠送贵重礼物，包括美锦、白璧、黄金、装饰华美的马车等，这些东西可以说是价值连城，尤其是名贵的玉器。人们非常崇尚玉器，玉器在当时是非常贵重的物品，各诸侯国为了争得一块宝玉，甚至连年征战，或者割地。正是因为玉器的地位如此重要，玉器饰品的加工工艺也有了更快的发展，逐渐发展成为"相玉有专家，治玉有专工"的一整套玉器饰品加工制作体系。

那么，为什么玉器价值这么大呢？使玉风行的重要原因有两个：第一个原因是周代存在关于玉器的神秘理论，到了春秋时期，玉器又被赋予了更深刻的道德含义。《仪礼·聘礼》中记载了孔子和他的弟子子贡对玉包含的精神所进行的探讨，其内容详细而精辟地表达了儒家用玉的道德观念。可以说，儒家道德中的"仁、义、礼、智、信"都可以涵盖到玉器中，人臣君子都可以通过佩戴玉器来表达自己的高尚情操。

第二个原因是春秋战国时期社会动荡不安，周代的严苛礼制观念发生动摇。玉器价值贵重，本来只能由贵族佩戴，身份地位低的人是

第二章 春秋战国的各种精彩

没有权利佩戴的。而到了动乱时期，一些身份较低的士庶也能够佩戴玉器了，到了后来，甚至连婢女、小妾、乐工等人都能够佩戴玉器而不受限制了。由此可见，玉器在当时受到各阶层的喜爱。

这一时期，人们的思想异常活跃，这也刺激着玉器饰品的制作造型变得丰富多彩，样式活泼生动，工匠们不再按照商周时期的古拙造型制作玉器饰品，而是开发了更为自由灵活的雕刻技法，出产了曲线复杂、镂刻精美的雕刻玉饰。

玉佩还可以用来作为礼物相互交换，人们可以把它送给亲朋好友，以示情义。《诗经·国风·秦风·渭阳》描写了外甥送别舅父的情感，其中"何以赠之，琼瑰玉佩"反映了人们对送佩玉以表达情感的方式的重视。除了送给亲朋好友，玉佩还能当作定情信物。《诗经·国风·卫风·木瓜》就是男女互相赠答的定情诗："投我以木瓜，报之以琼琚。匪报也，永以为好也。投我以木桃，报之以琼瑶。匪报也，永以为好也！投我以木李，报之以琼玖。匪报也，永以为好也！"其中琼琚、琼瑶、琼玖都是宝玉、玉石的类型，都是形容赠给女子的美玉。在这类定情诗中，只要男女互相爱慕，男子一般就会赠送给女子佩玉当作定情信物，可以说，这类诗歌是这类风俗的记录。

人们在佩戴玉饰时，一般采用组佩的形式。所谓组佩，就是把各种不同的玉饰按照一定规律，用不同颜色的丝绳穿在一起，佩在腰间。当时，诸侯、高官、士大夫在佩玉方面有严格的制度规定。《礼记·玉藻》中记述了各种佩玉的礼制。比如，君子没有缘故是不能把玉佩脱离身体的，对于君子来说，玉佩象征着他的德行。

不同身份地位的人佩戴的玉佩是不同的：天子佩戴的玉佩是用玄色丝绳串联而成的白玉。所谓玄色，是指天青色，是一种比黑色稍微浅一些，像天空一样深远的颜色，表达的是对上天的崇拜，白玉在所有颜色的玉佩中是档次最高的。公侯的地位较低，所以要佩戴由红色丝绳串联而成的青黑玉，青黑色是像山一样的颜色，因为在古代文化中，山自然要比天的地位低得多。大夫佩戴的玉佩则是使用纯丝绳串联而成的苍黑水色玉；世子佩戴的玉佩则是使用杂色丝绳串联而成的似玉美石；士人佩戴的玉佩则是使用赤黄色丝绳串联而成的一种称为"瑌玫"的似玉美石。

串联玉佩的部分叫"绶"，是用丝缕编成的绳带，也可以称为"组"。绶在服饰、房屋、车辆等方面运用得很广泛。人们所佩戴的玉饰，大多是使用组绶系上的。河南信阳楚墓曾出土彩绘木俑，木俑的腰间就佩戴着由组绶系在一起的一组玉佩，玉佩的上部露出了一截朱红色的组绶，呈现的是丝绒线扭在一起的样子。由于当时的人们经常在身边佩戴印玺，上面留有孔隙，可以用组绶穿起来，系上绳带，佩戴在腰间。可以说，这算是古代版的钥匙链了吧。

古代佩玉制度存在标准和既定的规格，但大概只限于在礼制上使用。当时战火四起，诸侯国众多，衣冠服饰的风格各不相同，各个国家的习俗也不一样，因此衣饰也都保持自己的特色。照此来看，当时佩玉不可能有太过于正式的标准，可能是在一种大致规范中保持着各自的特征。正是因为如此，在组佩中几乎没有形式完全相同的佩饰。

当人们把用丝绳或丝带串联的一组玉佩挂在腰间时，只要一走路，玉佩相互碰击会发出清脆的响声，非常有节奏感，而且很好听。玉佩发出的声音是否有节奏，反映了人们的步伐节奏，如果玉佩发出的声音比较乱，说明走路的人没有掌握好节奏，走得有些着急，失了礼仪。由此可见，佩戴玉佩在当时除了装饰作用以外，还有另外一个十分重要的作用，那就是礼仪约束。因此，这种玉佩又被称为"节步"。一个

第二章 春秋战国的各种精彩

人走路快慢不同,所佩戴的玉佩也是有所区分的。正所谓"改其步履之急徐长短,改其佩玉之贵贱"。当时地位越高的人,他们走路的步伐就要越慢越短。为了显示他们的高贵身份,他们的佩玉一般长度更长,做工更加复杂精致。到了后来,人们不再受到礼制约束,玉佩彻底成为高贵人士显示身份和地位的象征。

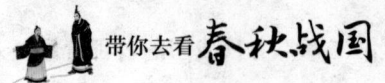

5. 春秋战国的音乐

当提到音乐时，首先浮现在大家脑海中的是什么呢？是一个个扣人心弦的音符，还是跌宕起伏的音阶？现代人有各种各样的娱乐方式，音乐方面的娱乐比比皆是，音乐类型包括摇滚乐、古典乐、流行音乐等；乐器有小提琴、吉他、古筝、钢琴等；人们不仅能去KTV唱歌联欢，也能在手机上联网唱歌。作为一个现代人，想起这一点还真是挺幸福的，可以享受到各种美妙的音乐。那么，在春秋战国时期能听到美妙的乐声吗？又会看到哪些乐器呢？接下来让我们一起走进春秋战国时期，来探寻一下古代音乐的魅力。

春秋战国时期可以说是音乐教育的一个重要转折时期，这一时期的音乐内容正向满足娱乐的需求转变，各个学派对待音乐的看法也都各持己见，而这些音乐思想也无疑在一定程度上对音乐的发展产生了潜移默化的影响。

比如，墨家主张"非乐"，也就是说禁止音乐，反对从事音乐活动。墨家以简朴、勤俭节约而闻名。墨家的创始人墨翟认为音乐既浪费钱财，又不能解决人民的生存忧患。他认为，大钟、鸣鼓、琴瑟、笙竽的声音虽然能给人美感，使人快乐，但它的存在不利于治理国家。农

第二章 春秋战国的各种精彩

民和妇人听了音乐，肯定就无法专心从事农业劳动，也无法安心地纺织劳作了；士大夫听了音乐，一定会影响处理事务的精力和才智；王公大人听了音乐，一定不能专心处理政务，判决案子。总之，墨翟单纯强调政治和生产，完全否认了音乐的有益之处。幸运的是，他的思想并没有在社会上产生很大的影响，不然我们今天也许就没有如此丰富多彩的音乐可以听了。

道家的音乐思想在中国古代音乐史中也占有重要的地位。道家关于音乐主要的思想是"大音希声"，是指最美的声音是没有声音。从表面上看，这种说法似乎对音乐的美持否定态度，其实正好相反，道家比其他任何学派都更重视音乐。大音希声强调的是一种"此时无声胜有声"的境界，这是一种非认识性的审美规律。

儒家思想的代表人物孔子和荀子的理论也对当时的音乐教育和后世音乐的发展起到了深刻影响。

孔子把音乐作为六艺中的一部分。所谓六艺是指六种技能：礼、乐、射、御、书、数。孔子所说的"乐"不仅仅指单纯的音乐，还包括礼乐制度在内的整个国家音乐体系。孔子认为，音乐可以启迪心智，帮助人们形成高尚的品德。这种音乐思想促使他提出"乐教"的主张，也就是在对人民的教育中渗透音乐教育。孔子的音乐思想虽是为统治阶级服务的，但他提出的教育不分等级的思想，打破了贵族垄断音乐教育的局面，使更多的人可以接受音乐教育，接触到音乐。

荀子的音乐理论是最为系统、全面的。他在音乐教学中阐述和教授的是"雅颂之声"，这种音乐教育思想以道德为核心，丰富了当时音乐教育的内容和形式，在很大程度上推动了后世音乐教育的发展。在这些音乐思想的指导下，一些音乐和乐器应运而生了。

首先说古筝。一提到古筝，就能想到名曲《高山流水》。所谓"高

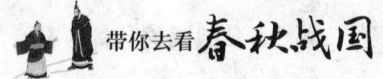

山流水遇知音",这个典故想必大家都不陌生。《高山流水》是一首著名的古筝曲,它产生在百家争鸣的春秋战国时期。当时涌现出一大批杰出的音乐家,有"声震林木,响遏行云"的秦青,还有悲歌击筑的高渐离等,而俞伯牙就是当时一位著名的古琴大师。他的技法十分高超,而且他本人也志趣高雅。荀子曾评价他:"伯牙弹起古筝来,连马匹都不再吃饲料,仰起头静静地倾听他的音乐。"《高山流水》就是俞伯牙的代表作,它的著名不仅由于其乐曲好听,最主要的是其背后的故事。

有一次俞伯牙乘船外出游玩,中途突然下起了小雨,于是他就到江边躲雨。他在躲雨的时候看到雨水碰撞江面的美景,顿时产生了弹琴的冲动,于是索性就在岸边弹奏起来。这时樵夫钟子期走了过来,听到俞伯牙的动听乐曲,赞叹道:"你弹得真是太好了,就像巍峨挺拔的高山屹立在我的面前。"俞伯牙又不急不慢地弹了一曲,心中想着流水,钟子期又赞道:"真是妙极了,这琴声激荡得就像从我面前流过了一条波澜壮阔的大河!"俞伯牙大吃一惊,把古筝推到一旁,站起身,不停地施礼道歉:"我真是太失敬了!石头里藏着美玉,如果以貌取人,那不就辜负了天下的贤士吗?"俞伯牙主动提出,要和钟子期结为异姓兄弟,并约好第二年中秋时再到这个地方见面。到了第二年,俞伯牙按照约定,准时来到上次的那个地方,等了很久也见不到钟子期,后来才知道,钟子期早就在几个月前因病去世。俞伯牙悲痛欲绝,大哭一场,他来到钟子期的墓前,对着他的坟墓抚琴一首,以示吊唁。弹奏完悲伤的乐曲之后,俞伯牙心想,从此以后再也没有这样的知音,他还能向谁弹琴呢?于是,他用力一摔,把古筝摔得粉碎。这就是历史上广为流传的"伯牙摔琴谢知音"的故事。

说完了古筝,接下来咱们一起来看看钟鼓。《诗经·国风·周

第二章　春秋战国的各种精彩

南·关雎》中就有关于演奏钟鼓的记载："窈窕淑女，钟鼓乐之。"意思是说："美丽娴静的淑女啊，我要为你击打出欢快的钟鼓声，让你开心。"钟鼓可以说是春秋战国时期最盛行的音乐了，钟鼓分为钟和鼓。钟是指编钟，一种打击类乐器，音色非常优美，和谐动听。编钟兴起于西周，在春秋战国时期达到鼎盛阶段，一直延续到秦汉时期。编钟是用青铜铸成的，由各种大小不同的扁圆钟组成。人们将这些扁圆钟按照音调高低的次序排列，分别悬挂在一个巨大的钟架上。当人们使用丁字形的木槌和长形的棒分别敲打铜钟时，钟就能发出不同的声音，演奏出美妙的乐曲。

鼓也是一种打击类乐器，一般在圆筒形的鼓身一侧或两侧蒙上一层拉紧的膜，直接用手敲打就能发出声音，也可以选择使用鼓杵敲击出声。

看到这里，相信大家对春秋战国时期的音乐一定有了些新的认识吧。这一时期各个学派不同的音乐思想以及这些乐器无一不让人们感到震撼！音乐的力量是无穷的，大到超乎人们的想象。

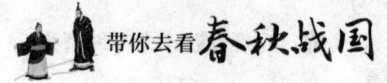

6. 中国最古老的丝绸深加工技艺

刺绣是一种十分精美的服饰以及装饰工艺，究其根源，刺绣可以算作中国最古老的丝绸深加工技艺了，它源于远古时期的画缋工艺。所谓"画缋"，是指在织物或者服饰上用调合成的颜料或者染液描绘图案的工艺。通俗地说，画缋就是手绘的一种。

关于刺绣的起源，有一个美丽的传说。据说3000多年前，人们就有了文身的习俗。文身就是在人的肌肤上刺出图案，这是十分痛苦的。后来，有一位国王不忍心自己的臣民再继续忍受文身之苦，就召集大臣们对此展开讨论。国王有一个孙女叫女红，非常擅长做针线活，国王在外面与大臣商议有关文身的事情时，正好被在房内缝衣的女红听到了。于是女红也对此事展开了思考，由于想得出了神，一不小心被针扎破了手，血滴在衣服上，化为一幅美丽的图案。看到此情此景，女红想出了一个绝妙的办法，那就是将文身的图纹绣在衣服上。女红想出这个办法以后，说做就做，她就用五色彩丝，按照编辫子的方式绣出花纹图样，埋头做了十天十夜，终于做出了一件色彩缤纷的衣服。女红把制作好的衣服献给国王，国王打开一看，十分欣喜，立刻穿在身上，比文身不知好看多少倍。于是，国王便穿着这件衣服向大臣们

第二章 春秋战国的各种精彩

宣布，人们不必再文身，可以用此方法制作衣服。从此，这种锦绣针刺的工艺在民间逐渐流传下来。

到了商周时期，画缋工艺渐渐由传统的彩绘发展成使用彩色丝线绣出花纹的轮廓，然后再手绘轮廓中的颜色。公元前5世纪，人们使用的彩色丝线颜色更加多样，这些彩线被用于制作衣服、枕头、被子、褥子等生活用品，并且为上层社会所推崇。这一时期的刺绣与黄金、美玉并列为豪华用品，不仅是各诸侯间相互馈赠的礼物，而且通过北方草原民族的传播，远销到欧洲大陆。有考古学家曾经在南西伯利亚巴泽雷克发掘出来的公元前5世纪的古墓中就发现了古代中国的刺绣品。所以，远销到欧洲大陆是确有其证的。该刺绣品为翟鸟穿花纹刺绣鞍褥面，宽度为43厘米，密度为每厘米40—50根，采用的是锁绣辫子股绣法。在刺绣图案中，可以清晰地看到若干个"亚"字样的轮廓，这一轮廓是由两弓相背组成的，作为穿枝花草。

这幅刺绣图中的翟鸟有很多只，形态各异，有的立在枝藤上，展现出一副鸣叫或者回顾的样子，有的则呈现出飞跃的动作。这幅出土于俄罗斯的刺绣图样，其纹样风格与出土于中国湖南长沙以及湖北江陵马山砖厂的战国刺绣风格是一致的。不仅在俄罗斯留有证据，在德国斯图加特西北20公里的一处凯尔特时期的古墓中，人们也发现了中国刺绣的身影。这座墓穴的墓主人衣服上镶满了鲜艳的中国丝绸。

刚才提到了两处考古现场，其一是湖南长沙发掘出的战国古墓。该古墓发现于1958年，在当时，墓棺的四周都留有刺绣装裱，且东、南两面还非常完整。东面的刺绣图案为变体龙凤与蔓草纹，头部为龙凤，身体则为蔓草，布局也是弓字形。南面的刺绣图案则是鹤与鹿的变体与蔓草纹。

其二是1982年我国考古工作者在湖北江陵马山砖厂发掘出的战国

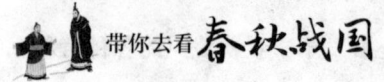

墓。尽管墓主人的地位并不太高，仅比士略高一些，但墓中出土的刺绣数量非常多，色彩十分绚丽，在当时前所未见，令人叹为观止，也为研究战国时期的装饰艺术风格提供了不少的参考。

这些刺绣图案的纹样十分丰富，比如有龙、对凤、蔓草、凤鸟、花卉、虎、龙凤合体等。其纹样也非常精美。这些图案的象征意义十分美好：龙凤象征宫廷繁荣昌盛，也象征婚姻幸福；鹤与鹿则象征长寿，因为这两种动物与神仙长寿的神话传说有关；翟鸟象征后妃；猫头鹰象征胜利。在造型表现上，这些纹样绝不是完全复制自然界的图案，而是创造性加工，根据创作者的创作理念和审美观念进行再创造。比如，龙和凤本是世间不存在的事物，只是根据不同动物的特征，将其集于一身而创造出来的艺术造型，其完全彰显了中国古代人民的智慧，是中国传统的文化。

战国时期的刺绣纹样仍以几何图形为布局依据，但不再像之前那样呆板，而是会在大格局之下做小幅度的灵活改变。纹样有时按照框架反复连续，有时却中转隔断，或左右、上下对称连续，或错开二分之一，进行移位连续。这些纹样组成了图案的框架，而花草藤蔓作为陪衬装饰，设置在框架上，既加强了框架的骨骼作用，也增加了整幅图案的条理美。

在刺绣图案中也有主题动物形象，这些动物形象有的与花草藤蔓共生为一体，有的与其他动物形象相互组成合体形象。这些刺绣图案结合了写实与变体，使之互相组合，将图案的变化与统一运用得炉火纯青。

虽然战国时期的刺绣色彩十分丰富，但并不过于炫目，而是保持着缤纷色彩的和谐统一。在一幅图案中，色彩的种类不会超过五种。图案的底色一般比较明亮，给人以温暖的感觉，也就是所谓的暖色调，

第二章 春秋战国的各种精彩

比如朱红、湘绿、古铜、淡橘、浅草绿等。一般来说，战国时期刺绣的花纹以深褐色为轮廓，以明黄色填充轮廓，最后再用白色或者与暖色调有对比效果的色彩做关键处的点缀，起到画龙点睛的作用。这种对色彩的运用开创了弱对比色与邻近色中的明度等次对比的成功范例。

在战国时期，诸侯贵族的妃嫔衣着十分鲜艳，不仅在生前如此，就连死后也要按照礼制规定，用刺绣装点棺材，使自己在死后能够继续过着奢华的生活。

最后需要强调的是，刺绣既然是绣出来的，那么其出产不仅需要涂色，也需要手艺人的耐心针绣。因为这些富有装饰性的刺绣要想绣出来，不花费长年累月的时间是不可能的。因此，手艺人不仅需要有熟练的技巧，还要具备十足的耐心、兴趣和艺术悟性，这也是中华民族传统的美德。

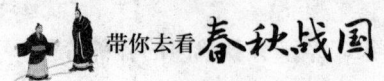

7. 春秋战国时期的陶瓷工艺

　　陶瓷工艺在春秋战国时期得到了极大的发展。虽然现在经常把"陶"和"瓷"组合在一起来说，但其实陶和瓷是两种类型的东西。

　　春秋战国时期有很多种陶器，包括彩绘陶、暗纹陶和几何印纹硬陶等。瓷器在这一时期的发展远不如陶器，主要还是原始的青瓷。不过，此时的瓷器制造水平也的确比商代时期的原始瓷器有了很大的提高，与秦汉时期的早期青瓷器相差无几了。

　　战国时期的彩绘陶是当时比较有名的一种陶器，和原始时期的彩陶并不一样，所以在名字中添加了一个"绘"字，从而将其和彩陶区分开来。当然，它们之间的区别可不单单是名称，在制作方法和顺序上也有所不同。制作彩陶时是先在陶胎上画画，然后再烧制；而彩绘陶则是先烧成陶坯之后再在上面画画。由于是后来画上去的，所以花纹不太牢固，十分容易脱落。

　　大部分彩绘陶都采用轮制，所谓轮制是指使用木制圆轮制作的陶器，也有的陶器是用模制的，用很低的温度烧制。彩绘陶属于泥质陶，有灰色和褐色两种类型。如果是灰胎，通常就用黑色的陶衣装饰，然后再在黑色陶衣上撒一层白粉加以彩绘，其中黑线和红彩用得较为普遍。若是褐胎，一般就刷上白粉，然后加以彩绘，花纹主要用红色。另外也有十分罕见的彩绘陶是用金银绘线的。

彩绘陶的造型各种各样，包罗万象，几乎涵盖了战国时期所有的器皿，比如鼎、敦、豆、壶、碗、盘、杯、盒、罐、炉等。此外，彩绘陶的装饰纹样也很丰富，常见的有几何纹、云纹、花瓣纹、鸟兽纹等，其中又可以细分成更多样式的纹。彩绘陶的艺术之美恰恰体现在它丰富多彩的彩绘图案上。这些图案的色彩搭配和应用图案的规则都是有讲究的，非常值得人们吸收借鉴。

彩绘陶最初在中原地区得到发展，随后流传到长江以南，它的流行地区比暗纹陶要广泛得多。彩绘陶在当时的一种用途是作为陪葬用的。由于战国时期盛行厚葬，于是彩绘陶就变得十分盛行。

说完了彩绘陶，接下来说一下暗纹陶。暗纹陶的名字也是根据它的制作方法而来的。在陶坯未干前，用某种工具把它轻轻地压出各种花纹。由于是轻度的按压，所以仅在有光线时才能隐约看出它的纹样，因此将它称作暗纹陶，也叫砑花陶。

暗纹陶大多是用细泥制成的，胎质呈灰黑色，主要用来制作壶、鼎、豆、罐、盒、盆等，常见的装饰纹样有弦纹、锯齿纹、栉齿纹、山形纹、螺旋纹以及"S"纹。暗纹陶早在春秋时期就已经出现，到战国时期得到更为迅速的发展，在中原地区颇为流行。据考古发现，暗纹陶在河南洛阳中州、河南郑州、山西侯马、山东临淄等地的战国墓中都曾出现过，且主要集中在河南地区。

再来说说几何印纹硬陶。考古学家在浙江绍兴等地发现了战国时期的几何印纹陶窑址，由此大致可得出，几何印纹硬陶长期盛行在我国东南地区。由于这种硬陶在胎土中含氧化铝较高，需要高温烧制，所以常把它和原始的青瓷放在同一个窑里烧制。浙江所产的几何印纹陶的胎骨坚硬无比，颜色多为紫色或黑紫色。陶器上面装饰有米字纹、回纹、编织纹、粗布纹、筛网纹、田字纹等各种几何形花纹。出于审美考虑，有的还在其肩部划出细小的波浪纹，与其下部的粗布纹形成鲜明的对比，因而更具有审美效果。

说完了陶器，接下来说一下瓷器。原始青瓷形成于商代，其实已经很接近青瓷了，只是它的制作工艺还不够成熟，所以就称它为早期青瓷。原始青瓷主要产于我国浙江省一带，在浙江省绍兴富盛已发现许多战国时期的窑址。原始青瓷的胎质密度大且细腻，呈灰白色。烧制青瓷需要很高的温度，这使得它的器形规正。春秋时期的瓷器纹饰也变得更丰富了，除了之前流行的水波纹、编织纹、水草纹、网格纹和变形云雷纹之外，还增加了假竖耳和"∽"形的装饰。不过到了战国时期，青瓷纹饰又开始变得由繁到简，可能是为了和人们的审美需求相匹配。这一时期瓷器的釉质较薄，且施釉不匀，有剥釉现象，釉色主要为青黄色，也有灰青、灰绿等色。在用途上与之前相比，增加了大量的碗、豆、杯、钵、罐、瓮和箅等日用品。

春秋战国时期还有一些其他的陶瓷也很不错，其中最具代表性的是陶塑和瓦当。陶塑又称为陶俑，是用来陪葬的明器，也就是冥器。商代时就已经出现了陶俑，在河南省安阳还曾发现为数不多的带有镣铐的男女陶俑。除了陶俑，战国时期的明器还有用木俑来代替的。陶俑不仅有人形的，也有各种动物类型的陶俑，比如郑州二里冈曾出土了两个战国时期的陶鸭，且陶鸭的足、尾、翼都是可以拆分的，制作十分精巧，再加上彩绘，使其更加生动形象。

瓦当则是用于建筑领域的一种陶制品。随着城市的扩大，战国时期的砖瓦制陶工艺也有了一定规模的发展。瓦当是瓦的头端，既有实用性，又有美观性。在实用性方面，它可以在屋顶漏水时保护檐头；

在美观方面，瓦当一般呈半圆形，上面用印模印有涡状纹、对鸟兽纹、树木纹、几何纹、星云纹、饕餮纹等装饰花纹。

春秋战国时期不仅有官方经营的陶瓷，更有私家生产的陶器，可见陶瓷在当时已经呈现规模化的趋势了。官方经营的陶器上常会刻有"相邦""守相""左陶户"等字样，而私家生产的陶器上一般刻着"文牛陶""陶午""栗疾已"等人名。

陶瓷作为中国传统文化的一种载体，从古代一直延续至今，具有独特的价值，意义非凡。在文化多元化的今天，陶瓷依旧是一件极具艺术性的工艺品，有很多陶瓷爱好者都在市场上购买自己喜欢的陶瓷工艺品收藏起来，以此展现个人品位与审美情趣。这些陶瓷工艺品即便再过几十年，甚至几百年也不会过时，因为它作为中国几千年来流传下来的艺术，具有独特的文化底蕴。

第三章

饕餮盛宴，舌尖上的春秋战国

导语

在春秋战国时期，爱喝酒的人，可以喝个够；喜欢吃糕点、点心、烤肉这类食物的人，也能享受到饕餮大餐。如果吃不完，还可以放到容器里保存。那么，舌尖上的春秋战国到底有怎样的一番风味？

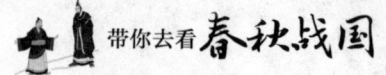

1. 春秋战国的酒文化

　　春秋战国时期由于铁犁牛耕的出现，社会生产技术得到进步，人们的物质财富也逐渐丰富起来，这一条件为酒文化的发展提供了物质基础，且春秋战国时文化激荡，百家争鸣，各大学派在酒的文化方面也颇有建树，这也是春秋战国时期酒文化盛行的原因。

　　饮酒礼仪从奴隶社会西周时期兴起，到了春秋战国时期得到大规模发展，演变成为宴饮聚会时的道德规范，也就是尊卑长幼的伦常礼教制度。这一制度是维护宗法制度和伦理秩序的重要工具，贯彻在饮酒的行为上，形成中国酒文化的明显特征。酒礼主要有六大步骤，首先按照宾客名次进行告知，催邀，迎接宾客，接下来宴饮开始，宾主互相敬酒行礼。再然后就按照尊卑长幼的秩序依次相酬，饮酒作乐，直到宴会结束。席间乐曲演奏分为升高、笙奏、间歌、合乐四个阶段，等到宴会结束后便为宾客送行。

　　春秋战国时期与酒有关的较为流行的游戏是酒令和投壶。在春秋战国时便有所谓"当筵歌诗""即席作歌"，酒令在黄河流域的宴席上就已经出现了。酒令分为俗令和雅令，俗令以猜拳为代表，雅令以文字令为代表，通常在知识分子之间流行。投壶游戏是由射礼演变而来的，

第三章 饕餮盛宴，舌尖上的春秋战国

其规则是当游戏者投壶时，要距离投壶5—9尺远，将特定数量的带皮无镞的箭轮流投射，多中者为胜，而比赛输的一方则需要惩罚饮酒。

投壶游戏有着烦琐的礼仪程序，由"司射"负责主持仪式，击鼓奏乐，前来的客人则按照《狸首》的节拍，履行规定程序后分别投射，这样既能尽到宾主之礼，又能够相互娱乐。

酒肆也是我国古代酒文化的代表。酒肆主要是用来卖酒并为顾客提供饮具及各种服务的场所。古时街头的酒肆星罗棋布，招揽客人的酒旗随风飘扬，生意非常红火。其实，酒肆在春秋战国时期就已经出现，当时有很多名人都喜欢在酒肆喝酒，其中最有名的非荆轲和高渐离两人莫属了。荆轲是战国末期有名的刺客。"荆轲刺秦王，图穷见匕首"的悲壮故事一直流传至今。在历史上，荆轲和他的挚友高渐离都与酒结下过深厚的缘分。

据史书记载，荆轲是卫国人，后来到了燕国，被燕人称为荆卿。刚来燕国时，他每天都和一位杀狗的屠夫以及一位善击筑的音乐家高渐离酣饮于燕国的酒肆，三人交情深厚，经常喝到醉醺醺地拂袖而去。高渐离击筑，荆轲便在酒肆里唱歌，有时互相一笑，有时相对哭泣，一副旁若无人的样子。当荆轲准备去刺杀秦王时，高渐离击筑，荆轲便跟着唱歌，当时在场的燕国人无不垂泪。"风萧萧兮易水寒，壮士一去兮不复还"。歌曲唱毕，荆轲畅饮壮行酒，慷慨而去，结局便是荆轲刺杀失败。而荆轲的挚友高渐离不舍与荆轲的友谊，仍寻机会准备刺杀秦王，但因为高渐离双目之前已被秦王熏瞎失明，行刺失败，也为秦王所杀。

春秋战国时期，楚国的酒文化最为发达。楚国是位于长江流域的诸侯国，水系发达，盛产大米，亚热带的气候，为酿酒提供了丰富的原料，最容易形成酿酒产区。楚国人嗜酒如命，一个最直接的证据就

是在发现的楚国墓中,酒器在饮具中所占的比例远高于其他诸侯国。楚国百姓在喝酒时有着独特的习俗,在农历初一,全家老少穿戴整齐,按长幼依次祭拜祖神,祝贺新春。他们会在这时敬奉椒柏酒,喝桃汤水,饮屠苏酒,吃胶牙糖。当时楚人常饮的酒有椒柏酒和屠苏酒,喝酒的次序则是从年龄最小的开始。爱国诗人屈原在《招魂》中多处细致地描写了楚酒的甘美——"瑶浆蜜勺,实羽觞些",写了晶莹如玉的美酒掺和着蜂蜜,盛满酒杯供人品尝;"挫糟冻饮,酎清凉些",描写了从酒糟中榨出清酒并冰冻,可以让酒更为醇香可口,喝完遍体清凉;"美人既醉,朱颜酡",描写了美人已有些微醉,本来红润的面容更添些许红光。

中国的白酒可谓是闻名遐迩,著名的安徽高炉酒的诞生还要归功于道家学派的创始者老子。老子研究了一套独有的酿酒之法,秘诀在于"粮为酒之魂,水为酒之血",酒的好坏便在水质上。老子平生最爱无拘无束地游历四方进行求道,在途经涡水之滨的高炉镇时,发现此地土肥水美,物质富饶,于是决定在高炉镇长住,开坊烧酒,将酿造的美酒赠送给百姓,为人祛病强身。为此他还广招天下文人骚客,把酒临风,好不快活!而"老子家酒"的美誉也随着多情的涡河水广为流传,高炉的酿酒史从春秋时期至今已有两千五百多年了。

在春秋战国时期,有许多与酒有关的典故。"箪醪劳师"讲的是越王勾践被吴王夫差打败后,为了实现复兴本国的计划,颁布政策鼓励人民生育,并用酒作为鼓励生育的奖励品:"生丈夫,二壶酒,一犬;生女子,二壶酒,一豚。"后来越王勾践领兵讨伐吴国,出战前,越国的百姓献出美酒给勾践,勾践把酒倒在河的上游,与将士一起迎流共饮,士气大振,所以绍兴现在还有"投醪河"。

"鲁酒薄而邯郸围"讲述了楚宣王会见诸侯时,鲁国和赵国都带来

第三章 饕餮盛宴，舌尖上的春秋战国

了自己酿制的美酒献给楚宣王，楚国的君臣品尝完后发现，这两个国家的酿酒技术相差甚远，赵国的酒醇厚甘香，而鲁国的酒却平淡无味。当时有一位臣子出于私心，向赵国的使臣讨酒喝，但是赵国使臣因为带的酒不多，委婉拒绝了他的要求，这位臣子便怀恨在心，施计将鲁国和赵国的酒坛调换，楚王满怀期待地准备品尝赵国的名酒，却发现赵国的酒平淡无味，认为是赵王有意戏弄他，不把自己放在眼里，一时大怒，便立即派兵围攻了邯郸。

酒文化作为一种独特的文化形式，在中国的传统文化中有着根深蒂固的地位。在中国数千年的文明历史中，酒几乎融入社会的各个领域，饮酒的意义不止在于满足口腹之乐，更在于酒作为一种文化符号，向人们传递出刚烈、豪迈、直爽的精神。

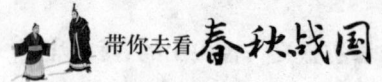

2. 年糕到底是怎么来的？

一到春节，走在大街小巷上就能感受到浓浓的年味，人们置办年货，走亲访友，制作餐点，为春节的热闹和祥和增添了一抹亮丽的色彩。除了放鞭炮，点孔明灯等娱乐活动，过年期间最有特色的食品便是年糕了。很多小孩子一见到年糕便迈不动腿，总想吃个够。

年糕是春节的必备食物，而且在中国有很多种类，比如北方的白糕、塞北农家的黄米糕、江南水乡的水磨年糕、西南的糯粑粑以及台湾的红龟糕等。而且年糕有南北风味之别，北方的年糕有蒸和炸两种制作方式，一般是甜味的；而南方的年糕除了以上两种制作方式之外，还有片炒和汤煮等方法，味道有甜的，也有咸的。年糕还有一个外号叫"年年糕"，意思就是"年年高"，吃年糕是祝福人们在新的一年里，工作和生活一年比一年高。

年糕的历史可谓十分久远，早在春秋战国时期就已产生。不过，在说其起源之前，先来看一个古老传说。

在远古时期有一个叫作"年"的怪兽，一年四季都生活在深山老林中，感觉饥饿时就会出来捕猎，吃其他兽类。一到寒冬时节，其他兽类大都冬眠，藏了起来，"年"无法找到足够的食物，于是便来到山下

第三章 饕餮盛宴，舌尖上的春秋战国

伤害百姓，以人为食，人们深受其害。当时有一个部落非常聪明，名为"高氏族"，在寒冬季节来临时，就在怪兽"年"即将下山寻找食物时，他们事先用粮食制作了很多食物，搓成条状，再弄成块状码在门外。等到饥饿不已的"年"来到门前时，由于找不到人，只好吃了门前的粮食块果腹，吃饱之后就又回到山上去了。

等到怪兽离去后，人们出来争相庆祝，庆幸自己躲过了"年"关，这一年又是平平安安的，来年又可以安心农耕了。就这样，这种躲避怪兽侵害的方法便被沿袭下来。因为这些粮食块是由高氏族制作的，是为了摆脱"年"的侵害，于是这两个词汇便联系在一起，合成了"年糕"这个词。当然，这个传说类似于神话。但关于年糕起源于春秋战国时期，其实还有一个传说。

相传在春秋战国时期，伍子胥帮助吴王阖闾整顿军纪，后来吴王阖闾获得重大成功，又命令伍子胥建造阖闾大城，以保卫都城，防止外来侵略，同时也为了彰显自己的功绩。城楼建造完成后，吴王摆下庆贺酒宴。在推杯换盏期间，群臣忘我地开怀大饮，他们认为有了如此坚固的城池，从此就可以高枕无忧了。看到大家都如此乐观，国相伍子胥却深感忧虑，他对贴身侍从嘱咐说："满朝文武都以为这座城墙可以保佑国家太平，虽然城墙可以抵挡敌兵，但也同样限制了里边的人外出。如果敌兵围困我们，切断我们的粮草，只围不攻，我们岂不是坐以待毙？盲目乐观，忘乎所以，一定会产生祸乱的。我死后，如果吴国受到围困，粮草供应不足，大家可以到城门下挖地三尺寻找粮食。"侍从以为伍子胥是喝多了酒说的胡话，所以没往心里去，并未当真。过了没多久，吴王阖闾驾崩，儿子夫差继位。伍子胥曾对夫差提议"联齐抗越"，但是夫差不肯听取他的意见，执意攻打齐国。当时吴国强大，齐国弱小，所以吴国很快就打败了齐国。后来，

夫差听信谗言，认为伍子胥私通齐国，阻挠伐齐，于是逼迫伍子胥自杀。伍子胥自杀后，越王勾践举兵伐吴，夫差屡打败仗，被越国军队攻到姑苏城下，把整座城团团围住。吴国的军队被围困在城内，粮草断绝，街巷内妇女和孩子的哭声连成一片，震天动地，有很多老百姓和守城士兵饿死。那位侍从这时想起了伍子胥的嘱托，于是带领其他人赶到城门下掘地三尺，当人们挖到三尺深时才发现，城砖居然是用糯米粉制成的。这种糯米砖十分坚硬，既能当作食物，也可以作为建筑材料。原来，伍子胥早就设计好了"积粮防急"的对策，人们顿时如获至宝，对伍子胥的侍从跪拜叩谢，感恩万分。

在伍子胥家人的主持下，这些糯米粉被分给了城内饥饿的民众，使他们暂时度过了饥荒。苏州人对伍子胥感恩戴德，十分敬仰他的爱国忧民精神，便在每年的腊月准备这样的糯米年糕，这样不仅可以表达对伍子胥的怀念，还能在辞旧迎新的春节中与亲友分享。因此，苏州年糕的造型就与城砖十分相似，煮后不腻，干燥以后不会干裂，储藏时间也很长，不会出现变质现象。

3. 春秋战国时期，人们用什么来烹煮盛放食物

俗话说"民以食为天"，从古至今，吃始终是人们的头等大事，而且不同地区还有不同的饮食习惯和特点。比如，四川人喜欢吃辣的，北方人爱吃面，南方人爱吃米饭，久而久之，饮食也演变成了一种文化。现代人们不单单只是为了吃饱，而是要吃好，吃得健康、有营养。饮食的制作必然会用到烹饪器具，用餐完毕之后，如果需要储存食物，也要用到盛放食物的器皿。那么，古人是用什么来做饭和盛放食物的呢？春秋战国时期用来烹饪和盛放食物的器具又有哪些呢？

春秋战国时期，人们的饮食以烧烤、涮、烫、煮为主，那时还没有现在炒菜用的铁锅，所以青铜器和陶器在人们的饮食生活中用得比较多。

第一个器具是鼎。鼎是由釜、陶支脚和灶三者组合而成的。其实鼎是由远古时期的陶制品演变而成的，起初它的主要用途是用来烹煮食物。常说的三足鼎立的鼎通常是由三条腿来支撑的，也就是说它有灶口和两个支架，中空的部分用来烧火，可以烹饪。然而自从有了青铜鼎，它又被当作祭祀神灵的礼器。春秋战国时期，鼎的作用更倾向于象征权势，用它来烹饪的用途不再居于主要地位了。

第二个器具是鬲。鬲分为陶制鬲和青铜鬲。它是汉族人民古时做饭用的炊具，可以用来煮饭。鬲的三足也是中空的，因为这样便于加热，它的口向外倾斜。春秋时期比较盛行铜鬲。西周后期至春秋的鬲大多数为折沿折足弧裆，无耳。渐渐地，鬲身上还有了一些装饰品，有的在腹部用觚棱做装饰。

第三个器具是甗（yǎn）。这个字非常生僻，现在已经不常用到。它是春秋战国时期用来蒸食的工具。先秦时期的甗分为两部分，上半部是甑（zèng），就类似于现在蒸馒头用的箅子，用来盛放食物，散发蒸汽，下半部是鬲，是用来烧水的。甗从商代开始一直流行到汉代。春秋战国时期的甗，器身变得更薄，而且袋足消失。甗的甑部口比较大且略有倾斜，甑底径小于口径。器物的装饰也不再仅用花纹了，它的形态也变得多种多样。

前面三种器具的用途是烹饪食物，接下来介绍盛放食物的器皿。簠簋（fǔ guǐ）在春秋初期比较盛行，到了战国晚期以后才渐渐消失。它是一种用来盛放黍、稷、稻、粱的器皿。簋是用于盛放煮熟的饭食的，一般也用作礼器。它的形状就像一个圆口的大碗，带有双耳。当时的人们从甗中盛出食物，放在簋中食用，其实就相当于现代人们使用的碗。其实，早在春秋战国之前的商朝就已经出现了簋，只是它的变化比较大，到了西周时期又出现了四耳簋、四足簋、圆身方座簋、三足簋等其他形式，甚至有的簋还有了盖子。簠是一种长方形的器皿，盖子和器身大小相同，形状相似，将它们合起来则为一体，分开也可以算作两件器皿。簠的用途和簋是一样的。

敦也是一种古代食器，用来盛放黍、稷、粱、稻等各种食物，通常在祭祀和宴会时拿出来和鼎搭配使用。敦也是鼎和簋的结合体，在综合考虑两者的特点和外观后设计而成。敦其实就是西周时候的簋，

第三章 饕餮盛宴，舌尖上的春秋战国

春秋时期叫敦，到了战国以后则叫作盒。大致还是相同的东西，只不过名称不一样。到了战国时期，敦和盖形同一体，有时候盖还可以反过来使用。

盛放腌菜和肉羹之类的器皿称作"豆"，最初是陶制品，后来渐渐演变成了青铜制品。豆的形状像一个高足盘，上部像一个圆圆的盘子，盘下面有柄，柄下面还有圈足。起初豆也是用来盛放黍、稷等谷物的，后来才用于盛放腌菜、肉羹等，甚至还用来盛放调味品。豆的摆放数量常常用双数，寓意成双成对。按照尊卑长幼，也会有数量多少之分。春秋战国时期的豆有多种形态，比如浅盘、深盘、长柄、短柄、附耳、环耳等，甚至上面还有盖子可仰置，用来放置食物。

镳（jiāo）斗是一种给食物加温、加热的器皿。关于镳斗有不少争论，有人认为它是用来温酒的，有人认为它是用来温羹的，还有人认为它是用来煮茶的，但认为它是温羹的说法占多数。镳斗又名"刁斗"，多用作军旅，诗句中"行人刁斗风沙暗"，就是说的镳斗。当时常见的是青铜镳斗，它的形状多是附有长柄的盆形器，下面有三足，便于在火盆之中站稳，还有的出土的镳斗柄端是兽头形状的。

匕是春秋战国时期的一种取食之器，就好比今天勺子的作用。这种匕是平勺长柄的，略微弯曲，整体有花纹装饰，主体部位用兽纹装饰，柄段饰有鱼纹的图案。匕的纹饰均是由非常细的单线刻制而成。据考古发现，匕常常是与鼎和鬲同时出土的。另外，在新石器时期就已经出现了勺子，到了春秋战国时期它的形态有所变化，手柄狭窄、呈舌形的餐勺成为当时的主流形态。战国时期出现了漆木工艺，并得到快速的发展，因此出现了小巧精美的漆木餐勺。

最后要说的是盘。这里所说的盘并不是现代人用的盘子，而是古代的一种盛水器皿。春秋战国时期的贵族在祭神拜祖和饭前饭后都有

洗漱的习惯，都要进行严格的盥洗。用于装盛盥洗水的器物则称为盘。人们往往把水浇在手上，并用盘接用过的废水。然而到了战国以后，盥洗之礼渐渐销声匿迹了，盘的作用变成单纯用来盛水的用具了。盘的形状多是圆形浅腹，有圈足的或者三足的，也有四个足都是方形的盘。盘的面积较大，通常盘身上面还附有长篇的铭文，并辅以各种雕饰和纹理。

除了以上这些盛放食物的用具外，春秋战国时期还有很多其他的器皿，考古学家们也依然在研究和挖掘考证。春秋战国时期除了以上提到的几种较常用的器皿外，有的地方也会使用陶器、漆器等一些原始类的瓷器等。它们也应用于人们的日常饮食当中。除此之外，春秋战国时期冶铁技术得到了很大发展，古人们使用的饮食器具也有不少是铁制的。至于确切是用来干什么的还有待考古学家进一步的研究。

第四章

古色古香,春秋战国建筑知几何

导语

建筑除了普通住房、民居外,其涵盖的范畴很广泛,还包括高台宫室、水利工程等。虽然春秋战国时期距离现在非常遥远,但它建造了很多建筑杰作,保存了丰富的历史资料,也为后人提供了"读史"的材料。而且当时已经出现了不可思议的建筑技术,人的审美也能在建筑里面得到体现。

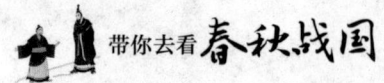

1. 春秋战国时期的房子，古老而有神韵

现代的房子一般都是砖瓦结构，非常坚固，夏天为人们遮风挡雨，冬天为人们保暖遮寒。那么，在春秋战国时期，人们一般是居住在什么样的房子里呢？春秋战国时期的民居主要是木结构，与先前时代相比，较大的突破是瓦的普遍使用和作为诸侯宫室用的高台建筑的出现。春秋之前，即使是代表当时最高建筑工艺技术水平的皇室宫殿，室内哪怕再富丽堂皇，也只是以木架作为主支柱，以草泥为皮，在屋顶覆盖茅草。而到了春秋战国时期，人们制造并大量使用瓦，而且还出现了瓦当。瓦当就是瓦背向上的滴水瓦的瓦头。瓦的普遍使用可以说是建筑史上的一次革命。

春秋战国的建筑上也使用了砖，据考古发现，人们在陕西扶风云塘的一处西周时期的灰窖内发现了大型陶砖，这些陶砖的质地非常坚硬，而且反面的四个角都有乳钉，估计是用来固定在墙外侧，从而更好地保护墙面。

斗拱是战国建筑艺术上的一项重要成就，也是中国古代木结构建筑中的主要环节，它由一系列置于柱顶的托木组成，在内可以承托木梁，在外又起到支撑屋檐的作用。斗拱分为"斗"和"拱"，"斗"是

第四章 古色古香，春秋战国建筑知几何

指梯形的垫木，横向伸出的木柄则为"拱"。有文献记载，春秋战国时期就已经出现斗和拱的组合，它们既是木质建筑结构和构造的基础，同时也表现出了缤纷多彩的装饰功能，奠定了其在中国古建筑中的重要地位。

从夏商周再到春秋战国，民居的建造已经非常完善了。当时的鲁国已经有了东、西二宫。鲁国宗庙的前堂称大庙，中央有重檐的大室屋，后面还有房屋，现在我们所能看到的孔庙，其格局在春秋时代就已经基本成型。与现代的三室两居的住房相类似，春秋时期士大夫所居住的宅院也含有三间房屋，中间的一间房屋叫作"堂"，是主人生活起居和接待宾客的场所，相当于现代的客厅。堂的左右是两厢房，堂后面则是卧室。

春秋战国时期儒家学说的发展为礼制的发展奠定了基础，不仅出现礼制建筑明堂，更对此后的城市规划、宫殿、坛庙、陵寝以至民居都产生了深远的影响。当时社会上层室内起居受到礼制的约束。例如，室内的四个角就有尊卑之别。《礼记·曲礼上》提到"夫为人子者，居不主奥"，意思是指当儿子的不能在"奥"的方位。"奥"指的是室内的西南角。室内的四个角分别是"西南角的'奥'、西北角的'屋漏'、东北角的'宧'和东南角的'窔'"。"奥"的方位是祭祀门神、灶神等诸神的地方，又因为家长具有祭祀权，所以父辈在的时候，儿子这一辈的绝对不能处于"奥"这一位置。

显而易见，春秋战国是中国汉族古建筑艺术发展的质的飞跃期，这时期的建筑构造越来越复杂，跟夏商周的简单建筑构造相比，这一时期的建筑技术水平提升十分迅速，各种民居工艺技术蓬勃发展。

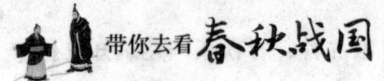

2. 从《考工记》读懂春秋战国时期的建筑制度

　　《周礼·冬官·考工记》，又称《考工记》，是我国春秋末期的一部官书，书中主要记录了奴隶社会各工种的制造工艺和质量规格，在中国工艺美术史上占有十分重要的地位。其中的《匠人·营国》主要是围绕建筑方面来讲述的，记载了当时的建筑工艺以及蕴涵在其中的建筑思想，同时也体现了封建社会的文化及社会发展状况，因而它对后世具有较大的文献研究价值。

　　研究《考工记》不仅可以了解我国古代的建筑风格、建筑特色，从而对当代的建筑设计提供宝贵的指导意见，而且还可以对封建社会的阶级构成、意识形态有更加深刻的认识。透过《考工记》可以更加了解建筑设计，更加懂得建筑艺术的美，从而取其精华，古为今用。接下来我们就来看一看《考工记》中关于建筑的记载，来体会一下它所反映的建筑思想。

　　《考工记》在古代建筑方面的一个主要特色就是严格遵守礼乐制度。千百年来，中国社会始终崇尚礼乐制度。周朝制定的礼乐制度对中国几千年的历史产生了深远影响，其中最具代表性的就是嫡长子继承制和分封制等。礼乐制度不仅渗透在古人的思想中，而且在传统的

第四章 古色古香，春秋战国建筑知几何

建筑中也有所体现，如此可见封建社会等级制度的森严。统治者为了维护自己的统治，已不满足于使用武力和法律，还要用礼制对人们的思想进行约束，向人们灌输等级思想。

《考工记》中每一种工艺都富含鲜明的礼制色彩。就拿建筑来说，即使是同种功能的建筑也要根据身份等级的大小选取相对应的材质和装饰物来建造。皇城建立在城市中心，以突出君王至高无上的地位；紧挨着皇城的自然就是一些空间比较宽阔、视野好、建筑华丽的贵族区；再往外围就是色泽较为灰暗的平民区。都城官员们的住所都是根据等级差异来分配的，所居住房屋的大小和装饰品也存在一定的差异，丝毫不能僭越。建筑可以反映出人类的文明成果，是人类活动的产物。

接下来咱们说一说《考工记》中蕴含的生态价值。古人比较看重"天人合一"的思想。《考工记》中关于建筑的描写就体现了这一思想。

《考工记》中记载了建筑修建的精妙，做到了人与自然和建筑的和谐统一。建筑地址的选择和建筑材料的选取十分讲究，也非常注重对环境的影响。比如，在建筑选址上，通常都会选择有山有水、有竹有松的地方。人是自然的一部分，因此古人在设计房屋时都会将自然因素考虑在内。他们对居住环境还是很重视的，人们必须遵守万物运行的规律才能够"与天调"，所以古人常怀着对大自然的敬畏之心，根据万物排列的顺序来建造房屋和城邦。

从古至今，房屋最主要的作用就是为人们遮风避雨和保暖。无论是豪华的别墅抑或是简陋的房屋，都是让人居住的。这也正是其实用性的体现。《考工记》中所记载的建筑设计以简朴为主，实用价值却非常高，最初修建的房子就是为了让人们居住，因而住房都是比较简洁的，且方便农耕。另外，房屋的修造还包含了人们对道德的崇尚和美好生活的向往。

据《考工记》记载，在规划城郭的时候，用九经九纬的道路将整个城郭划分成九个方块。当时的井田制度大致也是如此划分的，这说明农业在当时具有极其重要的地位。出于保护皇宫安全的考虑，当时的皇城都有城墙包围，从而与外界分隔。整个都城由宫城和郭城两部分组成。宫城往往有许多，通常在城市中心位置，离平民区较远。郭城却只有一个，但包罗万象，应有尽有，如手工业作坊、商业区。宫殿全都设在全城的最高处，这也体现出其较大的实用价值。最高处便于监视全城，同时还可以显示至高无上的皇权，体现宗法等级观念。

建筑，除了满足实用功能的需求外，还兼有艺术的追求。建筑是工艺技术与艺术二者的结合体。春秋战国时期的建筑不仅在室内装饰上注重细节美，而且还注意到整体的和谐布局。

春秋战国时期的城市规划和布局，可以说为整个封建社会城市、房屋的建设奠定了基础。虽然汉代后，在城市建设布局方面发生了些许变动，但仍然遵循了大致的规划思想和建造方法，比如建筑讲究对称的思想，宫城仍在最主要的位置建造等。

再来简单了解下常用的建筑材料。砖瓦在当时的发明和应用，可谓是极大地方便了建筑业，至今仍在建筑中使用。除了比较普遍的方砖外，还出现了空心砖和楔形砖。空心砖相比普通方砖，不仅轻便而且上面印制了各种各样的花纹，很是美观。室内装饰也很精美，青瓦在屋顶覆盖上得到大量使用，到了晚期还出现了陶制的栏杆、排水管等。

3. 春秋战国时期完善的排水系统

春秋战国时期，诸侯国各自为政，周天子已经无法管控局势，持续不断的战争带动了政治、军事形势的变化，也促进了社会经济的融合和发展，与此同时，城市也在不断地进行着建设。随着城市经济的不断发展，夏、商、西周三代的城市格局逐渐松散，而较严格的民居规划与管理体制开始建立。建立城都是为了守卫国君，建造城郭则是为了保护民众。正是基于这样的思想，春秋战国时期的居民区逐渐集中在城郭里，而且郭城里有更明确的功能分区。

百姓要想安居乐业，环境必须适宜居住才行。因此，一套合理的排水系统是必不可少的。老天下雨不会看人脸色，说不准何时下雨，而如果路面低洼，雨水积聚，很容易对百姓的生活造成危险，比如发生人们落水遇难、疾病传染等事件。

在春秋战国时期，城市已经形成了统一的、惠及全城的排水系统。根据考古发现，位于山东省临淄的齐国都城遗址、曲阜的鲁国都城遗址、河北省易县的燕下都遗址、邯郸的赵国都城遗址，以及湖北省江陵楚都纪南城遗址等地都发现了较完备的排水设施。

可能有的人会觉得，排水系统这么复杂的工程，在那么遥远的时代就能建造完成，真是不可思议。其实，大家可能不知道，排水系统早在商朝就已经出现了。据考古发现，商朝安阳殷墟遗址内发现"T"字形下水道部件，与现代市场上出售的家用下水道"T"字形部件一模一样。这简直是几千年前的奇迹！

时代在发展，到了春秋战国时期，随着生产力的发展，城市的排水技术自然也就有了比商朝更为成熟的发展和进步。

春秋时期的《周礼·冬官·考工记》记载："窦，其崇三尺。"所谓的"窦"是指宫中的下水道。到了战国时期，城市已经出现陶制的排水沟渠，称为"陶窦"。陕西省咸阳市的东郊曾在考古挖掘时发现一座战国后期的秦都咸阳宫城遗址，属于高台建筑，在台面上就发现了比较完善的排水设施。

不仅如此，当时人们还对排水设施提出了自己的构想。《管子》里记载："地高则沟之，下则堤之。内为落渠之泻，因大川而注焉。"由此就可以看出，当时的城市选址已经充分考虑供水、灌溉、排水、防洪等各方面的需求。古代人侧重充分利用江河湖水和洼地，开工挖掘渠道，与天然水系共同组成发达的水系。

以齐国都城临淄为例，根据历史记载，战国时期的齐国都城临淄有七万户人口，在城市的道路上，车轮相接，人们摩肩接踵，每一家的家底都丰厚富裕。大概估算一下，当时临淄城的人口已超过30万人，城内居民的富裕程度在所有诸侯国之中是名列前茅的。由于齐国是当时最富裕的诸侯国之一，其城市规划建设自然也代表了当时的先进水平。

临淄城建造在淄河和系水两条河流之间，分为大城和小城两部分。临淄城的南北墙外有城壕作为屏障，城市的东西两面有河流作为天然城壕，城内建造有全面的排水系统。小城内宫殿区的排水设施特别讲

第四章 古色古香，春秋战国建筑知几何

究，宫殿建筑的四周有卵石材料的斜坡，能够在下雨之后疏通积水。地下排水管道是由陶制材料制成的，截面为三角形或者圆形，安插好这些管道之后，院子里的积水便能从管道中流入城内的排水系统。据考古发现，整个临淄都城遗址有三大排水系统。其中有一段连通小城，纵贯大城西部的排水明渠，长度超过千米，宽度为20米。因为临淄城的西北部地势最低洼，所以人们在北墙西部和西墙北部设置了两个排水口，作为大型排水系统的终点。

建于临淄的大城西墙北部城墙下的石砌涵洞是临淄城内最绝妙壮观的排水设施。石砌涵洞长43米，宽7到10米，有3米深，是用天然的巨型青石堆砌而成的。石砌涵洞分为进水道、过水道和出水道三个部分。在西墙的内外侧，进、出水道呈外窄内宽的喇叭口形，上面还构造了15个方形水孔。过水道在中间，一般穿过城墙，连接进出水道口。可见，当时的人们在建造排水系统时也没有忘记所处环境，过水道和出水道紧邻城外，为了不让敌人从这里偷袭，这两个水道内部的石块交错排列，小孔也不直通，只有水流通过，人不能通过，具有御敌的功能。

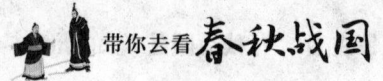

4. 春秋战国时期都城内的高台宫室

春秋战国时期正处于动荡的发展时期，人们的思想得到了一定的解放，学术上百家争鸣的现象为后世的思想文化奠定了基础。同时，这些思想也对中国传统建筑文化产生了潜移默化的影响，其中最重要的思想就是等级观念。受等级制度的影响，当时各国逐渐形成了以国都为中心的区域生活圈，城市内建造了形态各异的建筑。不同的国都也有自己独特的建筑特色。此外，春秋战国时期的交通运输业也有了很大改善，各地区的交流联系日益密切。就在这一来一往之间，间接地促进了各国城市建设的相互对比和竞争。各国的国都内建造了风格各异的宫室建筑，下面就来一一了解一下。

鲁国的国都是曲阜，曲阜是孔子的故乡，也是当时著名的文化都市。当时曲阜的建筑呈椭圆形，总面积较齐国的国都小一些，大约10平方公里。市中心有大面积的土台遗迹，高达10米，大概是宫殿的遗址。城的北面有一条东西走向的排水河道和南北走向的道路。市场也在城北，四周环绕着各种类型的手工作坊。这一点是根据"前朝后市""工者近市"的制度而建的。鲁国的国君是周公旦的后裔，因此这里的建筑在很大程度上都比较传统。郑国和晋国的国都位于两条河流

第四章 古色古香，春秋战国建筑知几何

的交汇处，建筑格局不是很规则。郑国是由两座城组合而成的，分为东西二城。东城比西城的面积要大上两倍，主要分布一些手工作坊，而西城则是宫殿和官宦人家的住宅。楚国的国都郢都的建筑呈长方形。楚国国都设计了五座城门，因为城内有两条河流穿过，便修建了两道水门，方便船只自由地通过。楚国的宫殿在城市的东南方向。手工业区在东北和西南方向。魏国的国都安邑也是由两个城区组成，小一点的城是正方形的，位于大城的中心位置，而且也是宫殿区。

春秋战国时期，一般较高质量的建筑都讲究依山傍水。齐国的国都临淄就是紧邻淄水而建的。据考证，它是由大小两座城市组成的。大城南北长约5公里，东西宽4公里，城区内有各类作坊和纵横的街道。大城是居民生活区，小城是宫殿区，位于大城的西南方向，与城墙相邻。大小两座城的总面积大约15平方公里。和其他诸侯国都城的面积相比，算是中等大小国首都了。当时临淄的居民达到了7万户，街道上的人和车络绎不绝，呈现出一派繁盛的景象。据考古发现，小城内有一个长5米、宽72米、高14米的夯土台，这大概就是文献中有记载的桓公台。

除了齐国国都之外，其他诸侯国的都城内也都有高台的建筑。比如，燕国国都内有五十多处大大小小的土台，赵国的邯郸有高台十多座。这些高台便是在战国时期非常盛行的高台宫室。

秦国前前后后一共有四个国都，其中雍城呈长方形，城内有四条南北走向的道路和四条东西走向的道路。城里的宫殿规模相当大，足可见秦国的强盛。后来秦迁都至咸阳，一直到秦王统一天下而后灭亡，在这一百多年里，城市的规模一直在不断扩大。咸阳市东郊的一个高台建筑长60米、宽45米、高6米。高台由殿堂、过厅、居室、浴室、回廊、仓库和地窖等部分组成，错落有致，那排场很是壮观，令人叹

为观止。此外，高台上还有陶制的排水系统，取暖、洗浴等设施也是应有尽有，当时高超的建筑水平可见一斑。这些建筑受到木架结构特点的制约，因而大多都以夯土台为中心，四周环绕着占地较小的木架。

高台建筑的历史悠久，在龙山文化遗址中出现了最初的高台建筑版筑城池。早期人们对上天都特别崇拜，这也是高台建筑在当时得以盛行的原因。人们登上高台以便离上天更近，高台是象征着人与天接洽的场所。此外，在当时的建筑水平下，只有高台才能满足统治阶级炫耀其至高无上的权力和财富的需要。

除了彰显诸侯国君的权势和地位，以及使宫殿看起来雄伟壮观之外，建造高台还有一些其他的原因。春秋战国时期诸侯国众多，矛盾冲突自然也难以避免，因而战争变得很频繁。夯土筑城有利于加强国防，起着保护各国的作用。由于高台高高在上，所以若是有敌人来偷袭，可以远远地侦查到，以便提前做好应战准备；另外，由于高台很高，也不容易被敌人一下子攻破。另一个原因是为了弥补当时建筑水平的不完备，高大的夯土台可以建造很多层，争取更广阔的空间。

关于高台建筑，还有一个有趣的成语典故，那就是"债台高筑"。相传战国后期，东周的最后一位国君周赧王以天子名义号召六个国家一同出兵讨伐秦国。周赧王大费周章，甚至不惜自掏腰包，向国内的豪绅们借钱筹集军饷。历经千辛万苦之后，他终于征集了数千人的部队。然而，其他六个国家对此事并不是很积极，渐渐地，攻秦计划也就不了了之。周赧王不仅自己倾家荡产，还四处欠债，被债主们逼得走投无路，最后无计可施，只好躲藏在宫中的一座高台上来躲债。这就是"债台高筑"的由来。

5. 春秋战国时期的水利工程

春秋战国时期，有没有什么对后世生活影响深远的水利工程呢？还真有，来看一看春秋战国时期的四大水利工程吧。

都江堰位于四川省成都市都江堰市灌口镇，可以说，它是春秋战国时期最有名的水利工程了。不仅如此，都江堰至今仍在使用，享有"世界水利文化的鼻祖"这样一个美名。都江堰如今也成为全国著名的旅游胜地，吸引着广大游客前来观光。据考证，都江堰水利工程是秦国蜀郡太守李冰父子在前人的基础上组织修建的大型水利工程，主要包括分水鱼嘴、飞沙堰、宝瓶口。李冰父子当初修建都江堰的目的是防洪灌溉，时间一长，这一水利工程使成都平原成为物产富饶的"天府之国"。现如今，都江堰的灌溉区已覆盖30多个县市区，面积近千万余亩，是世界上迄今为止时间最久远、唯一现存的、正在使用的大型水利工程。都江堰凝聚着我国古代劳动人民勤劳勇敢、自强不息的精神，成为全国重点文物保护对象。

郑国渠并不是当时的郑国修建的，而是战国末年时由韩国的一名叫郑国的水工在秦国修建的。郑国渠花费了十多年的时间才建成，位

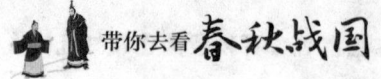

于今天的陕西省泾阳县，它西引泾水，向东注入洛水，长达150公里，是关中地区建设最早的一项大型水利工程。

在动荡的战国时期，除了满足灌溉需要，修建郑国渠的一个重要原因是出于军事政治上的考虑。当时，建立统一国家是历史发展的大势所趋，实力相对强大的诸侯国都渴望称霸天下，因而兼并战争十分激烈。关中作为秦国的属地，为了提高自身的经济实力，在诸国争霸的战争中立于不败之地，想要发展关中的农田水利，以提高秦国的粮食产量。当时秦国正处于强盛的时期，对其他六国虎视眈眈，韩国作为秦国的东邻，已经到了相当虚弱的地步了，随时都面临着被秦国吞并的危险。韩桓王在百般无奈的情况下，想出了一个计策。他派自己国内一名出色的水利工程师郑国去秦国，游说秦王在泾水和洛水之间开辟一条灌溉渠道。这看似是为发展秦国的农业，其真实意图却是要一点一点地消耗秦国的实力，使其无暇顾及东方。

本就打算发展水利的秦王，轻易地就采纳了郑国的建议，并立刻召集大量的人力、物力，任命郑国主持兴建这颇为浩大的工程。然而，韩国的阴谋最终还是败露了，秦王大怒，要杀郑国。郑国却说道："起初我的确是做了间谍，但是渠道建成之后对秦国也有利啊！我为韩国朝廷效力不过才几年的时间，却替秦国创造了千秋万代的功绩。"好在秦王是位比较有远见卓识的君王，认为郑国说得也算在理，并且秦国在水利方面的建设比较落后，在技术上也需要郑国的协助，于是秦王还是重用了郑国，数年后最终建成了全渠。

郑国渠的作用不仅在于它数百年来起到了灌溉的作用，更在于它首次开了引泾灌溉的先例，对后世引泾灌溉产生了较为深远的影响。

安丰塘位于安徽省淮南市寿县中部，古称芍陂，古时便呈现出一

第四章 古色古香,春秋战国建筑知几何

派繁盛景象,享有"天下第一塘"的美誉。作为中国古代最早的灌溉工程,它比都江堰、郑国渠的建成还要早上三百多年。安丰塘的堤长大概有25公里,面积大约有34平方公里,存水量将近一亿立方,灌溉面积约7万公顷。相传,安丰塘是春秋时期,由孙叔敖主持修建的。安丰塘在灌溉、航运、屯田等方面曾起到重大作用,促进了楚国经济的繁荣昌盛,为楚庄王称霸奠定了雄厚的物质基础,对子孙后代更是大有裨益。安丰塘从古至今都可以说是淮河流域重要的水利工程。安丰塘不仅选址科学,而且布局很合理,是中国古代劳动人民无限心血和智慧的结晶。两千多年来,安丰塘作为一项水利工程,带动了当地经济以及社会发展,甚至逐渐衍生出了绿色农业、田园观光、水神祭祀、灌溉治理等丰富多样、独具特色的陂塘文化。值得人们欣慰和自豪的是,它也进入了世界灌溉遗产名录,成为全国重点文物保护对象。

漳河渠可能大多数人并不曾听说过,但是提到西门豹,相信大家并不陌生吧。西门豹就是漳河渠的修建人。西门豹是战国时期魏国人,是著名的政治家、水利家。同时,他又是一位无神论者。当时的邺城屡遭水患,巫婆勾结丞相,假借河伯娶妻来榨取人们的钱财,老百姓们苦不堪言。于是西门豹利用巫婆等人为河伯娶妻的机会,惩治了地方恶霸,让人们相信根本没有河伯,破除了迷信思想,使广大百姓得到教化。漳河渠的灌溉区域在漳河以南,也就是今天的河南省安阳市。西门豹根据不同高度的河段,在漳河上修筑了12道拦水坝,每道拦水坝都向外引出来一条渠。一共有12条渠道,灌区面积将近十万余亩,故漳河渠又常常被叫作"引漳十二渠"。他在当地不仅发展农业生产,而且还推行了"寓兵于农、藏粮于民"的政策。邺城没过多久就变得

民富兵强，成为战国时期魏国东北的重要阵地。西门豹治邺有方，关心民生，因而颇受人们爱戴。

这四大水利工程都凝聚着祖先的智慧，以及广大劳动人民吃苦耐劳的精神。它们本身存在的意义就很重要，蕴涵的精神也值得人们学习。

6. 春秋战国时期的园林

园林不是自然风光,而是人们为了满足游玩的兴致,依靠双手和智慧所创造的一种人造景观。我国的园林历史悠久,一直秉承"虽由人作,宛自天开"的原则,也就是说,尽管是人造美景,但也要看起来与自然美景相差无几。我国的园林艺术是一门集文学、书画、雕刻、工艺等多种艺术形式为一体的综合性艺术,在世界园林史上占有极其重要的地位,并且民族风格很明显,具有超高的艺术水准。

中国的园林起源历史之悠久,可以追溯到周文王以前的时期。据《淮南子·地形训》记载,有一个地方叫玄圃,登上后,人们的愿望就能灵验,可以求得风调雨顺。这个地方被人们当作上古时期天帝的住所。玄圃里山水结合,慢慢地成为后世建造园林时模仿的范本。

《山海经·海内北经》中记载:"帝尧台、帝喾台、帝丹朱台、帝舜台,各二台,台四方,在昆仑东北。"这句话明显地反映出,至少在帝尧时期,君王就已经开始为享受和娱乐而建造园林了。到了周朝,君王对园林的钟爱有增无减,达到一个更高的程度。周朝规定,天子可以拥有一百里的园林,诸侯则可以拥有四十里的园林。这一规定在一定程度上算是承认了诸侯建造园林的事实。既然朝廷认可、允许,

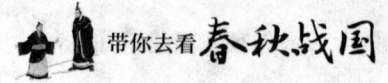

诸侯都开始热衷于建造游乐的园林。于是，很多出色的园林景观就此产生。那么，春秋战国时期有哪些有名的园林呢？

首先，不得不提的便是碣石宫。在曹操所作的《观沧海》中，"东临碣石，以观沧海"一句让人们熟知碣石宫。由此诗我们便可知，碣石宫建于海滨，是一个观海的好去处。碣石宫总体呈长方形，位于海岸附近，有一半的夯土台埋于地下。碣石宫的规模壮观，属于高台、多级式建筑，建筑的布局合理井然。据史书记载，碣石宫为当年秦始皇举行求仙活动之地，可见碣石宫在当时的园林中的地位之高。

其次，不得不提的便是端木叔私园。《列子》记载了一个叫端木叔的人，这个人是孔子弟子子贡的后代。他的祖先受到孔子的庇护，赚了不少钱。到端木叔这一代时，他的财富无人能比，即使与齐王和楚王相比也毫不逊色。端木叔一家也很有修养，所以，他们受到当时名人的尊敬。因此，在春秋战国时期的众多园林中，这是唯一一座私人园林。据说端木叔的园林有很多高楼，院子也很深，园林内有亭台、水渠和池塘，当时的社会名流经常会到他的园林饮酒聚会。

另外，吴王夫差的姑苏台也是不容忽视的园林。相传，夫差的姑苏台是为西施建的。夫差宠爱西施，就为西施修了不少园子，姑苏台就是其中之一。吴国位于长江以南，自古以来就有许多奇林怪石。姑苏台中的岩石崎岖，山峰优美，具有一定的江南园林风格。姑苏台的宫殿都建在山上，方圆千里都是园林。园林的布局宏伟壮丽，根据山峰的地势而建造。不幸的是，姑苏台最终毁于战争之中，被勾践烧成了废墟。虽然姑苏台已被烧毁，化为废墟，但是姑苏台作为江南园林的代表，把江南园林的特色淋漓尽致地表现了出来。

说起春秋战国时期的园林，一定不能忽视周文王的灵囿、灵台。周文王灵台是整个开放的园林风格。周文王的园林虽然不是最早的园林，但灵台的美却受到后人的赞誉。这座花园完全是人工挖掘的，园内有各种珍禽异兽，花草树木终年繁茂。

云梦泽是位于楚国的一处充满浪漫色彩的地方，曾多次在屈原的《离骚》中出现。章华台便是这里的一座园林，一直被后世称颂。章华台是由楚国灵王在云梦泽的水边建造的，据说面积达220万平方米，其规模与城池的规模相同。该园林有三面接近水域，接近水域的地方自成一派景观。这个水域可不是依靠下雨得来的，而是工匠们开凿汉水引流灌进来的水。楚灵王就经常在这个园林内游玩，他的臣子和宠妃也常伴随其左右，在这里尽享歌舞升平的快乐。由此可见，这园林内想必一定是葱绿繁花相映成趣。

魏国也有很著名的园林，名为"梁囿"，建造于魏安釐王时期。梁囿位于魏国都城宫城的西北方向，建筑风格十分独特，建筑十分考究。园林内种植着种类繁多的花木，还养着很多麋鹿。魏王就经常到这里游玩享乐。园林内还有很多池塘，树木繁茂，松鹤在树下休息，池塘中还可以划船。

要说中国历史上第一座真正意义上的王侯园林，就必须提到被誉为"华夏第一园"的淇园。从淇园的名称来看，就能想到它应该建造在水边，园林内有竹林，景色很美。关于竹林的景色，《诗经·卫风·淇奥》中记载了"绿竹猗猗""绿竹青青""绿竹如箦"等词汇来形容淇园的美景。之所以说淇园是第一座真正意义上的园林，是因为在它之前的所谓园林其实是王侯为狩猎而围起来的园囿，并不是真正修建的园林。

春秋战国时期的园林有一个普遍的特点，那就是占地面积广，看起来很雄伟，十分有气势。中国园林凝结了中国古人的智慧，通过人工建造的方式，将自然美景、鱼鸟花草与人工建造的亭台楼阁相结合，缔造出一番别致的美景，在欣赏美景的同时，又能舒适地坐在亭子里聊天、乘凉、吃果子，十分惬意。

中国园林的建造在春秋战国时期达到了一个建设的高潮，后人则在前人智慧的基础上不断创新、改变，将园林建造得越来越精致，越来越舒适。

第五章

春秋战国的出游

导语

古代与现代不同,要想出去游玩,不仅要有充足的休闲时间,还要经受旅途的劳累,毕竟当时科技不发达,交通方式不怎么便利,徒步、坐船、坐马车等常规交通方式费时很久,也考验着人们的耐心和意志力。不过,对于热爱游玩的人来说,这些都不是问题。春秋战国时期,士人已经流行文化之旅了。

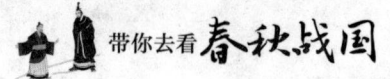

1. 春秋战国时期的士人文化之旅

春秋战国时期，百家争鸣，人们的思想也得到极大的解放。士大夫们可以选择自己的思想信仰或是政治立场。他们心怀建功立业的壮志豪情，凭借着自己扎实的学识和独到的见解，开启了文化之旅的漫漫长路。

士人的文化之旅打破了以往天子和达官贵人垄断"旅游"之路的局面。士人阶层的文化之旅丰富多彩，主要包括两种：一种是拜师求学的游学之旅，另一种就是游说之旅。

拜师求学的游学之旅在春秋战国时期已成为一种社会风气。孔子就是那时赫赫有名的学者。作为儒家学派的创始人，孔子的许多教育思想都受到人们广泛的认可和极力推崇。他提出的"有教无类"的思想使许多平民阶层的人都可以受到教育，没有等级划分的教育让人们感到舒适自在。不少士人从齐、秦、宋、晋、楚等国远道而来，投身孔子的门下拜师求学。

孔子也周游列国，考察各地的文化制度，还亲自拜访了道家学派创始人老子，与他高谈阔论，相谈甚欢。孔子经过这番游学，全国各地的学子对他的学问和见地佩服得五体投地，回国后有更多的人投到孔子门下。

当时的思想家们都很踊跃，自由地表达自己的观点。出书、办学堂教书等，形成了各学派林立的局面。除了最具代表性的儒家外，还有道家、墨家、法家、名家、杂家、农家、阴阳家等。居于"显学"地位的除了儒家外，还有墨家。墨家学派的创始人墨翟是先秦时期有名的思想家、教育家。此外，他在器械制造和军事攻守上也有很深的造诣。孔子的徒弟有鲁国的子思、邹国的孟子，还有赵国的荀子；墨家子弟有吴越的谢子、湘楚的已齿。不同学派各立门户，游学者数不胜数，可见当时的游学之风是多么盛行。

除了求学之旅之外，春秋战国时期的士人还喜欢游说，那么他们游说的目的是什么呢？无外乎这几个原因：一是为了实现自己的理想抱负，追求道义。在孔子看来，游说出仕是为了实现"弘道"的理想，而不是追求荣华富贵的物质享乐。他的弟子也丰富发展了他的思想。如孟子所追求的"道"就是为了实现仁政，游说的目的也是劝说统治者推行仁政；第二种游说的目的是出于追求功名的心理。在兼并战争日益激烈的战国时期，许多人能清楚地认清时局，为了实现个人的社会价值而开始迎合君主的需要。他们不再将理想看得高于一切，这种观念可以说是比较务实的。当时的吴起和商鞅就是以成就功业为目的而游说，从而攀附君权；第三种目的是利。通说功利，是将功和利放在一起。因为有了功，必然就会衍生出利。如苏秦和张仪，他们一个鼓吹合纵，一个提倡连横，巧舌如簧，其实都是为了自身利益；第四种目的是义。墨子就是春秋时期志于义的游说的代表人物。据说，当时公输盘要为楚国建造攻城的云梯，准备攻击宋国，墨子听说之后便立刻不眠不休地走了十多天来到楚国，冒险游说楚王放弃攻打宋国的计划。因为战争会让百姓民不聊生，生灵涂炭。墨子的这种游说就是

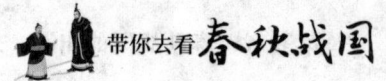

为了义，这种义是心怀天下的大义。

在众多士人的游说之旅中，以苏秦和张仪的游说最具代表性，他们在历史上产生的影响也比较深远。下面具体来说说他们二人的游说经历。

苏秦师从鬼谷子，出师后首先去游说周显王，但是并没有得到重用，之后又去了赵国，赵国大臣李兑欣赏他能说会道，但还是没有重用他。于是，苏秦辗转来到秦国，开始向秦王进行连横的游说，然而也未见成效。公元前301年，齐宣王死后，政治上出现了重大倒退。苏秦抓住时机，乘机向燕昭王提出吞并齐国的策略。次年，苏秦奉命第一次到齐国游说，进行反间活动，但是并没有达到目的。公元前289年，苏秦第二次奉命到齐国，这次他得到了齐王的信任。在苏秦的几番怂恿下，齐王不顾秦国的提醒，和赵国、梁国共同攻打宋国。齐国和秦国的关系因此受到影响，矛盾激烈。公元前288年，苏秦奉齐王之命，以使臣的身份联合五国攻秦。苏秦这次南下具有双重使命，表面上是为齐王组织五国攻秦，暗中则为燕王做反齐的准备。直到公元前284年，苏秦的反间活动最终为齐王所察觉而惨遭车裂酷刑。苏秦在旅途中丰富了自身的见识，并能将学到的各种知识运用到政治斗争中去，从而成就自己的功名利禄。

张仪和苏秦一样，也是鬼谷子的徒弟，学习纵横之术。学成后他先到楚国游说，却遭到权贵的蔑视，许多人都看不起他。后来在东周君的资助下去了秦国，被尊为客卿，公元前328年还被任命为秦相。为了巩固和魏国的关系，公元前322年张仪又去了魏国担任相职。这一职位相当于负责魏、秦两国外交联络的高级外交官，在任魏相期间，张仪企图让秦、魏、齐三国连横，但受到各种条件限制没有成功，不过却促成了秦、魏两国的连横。公元前318年，张仪再次返秦复任秦

第五章 春秋战国的出游

相一职。第二次任秦相期间,张仪为打击楚国做出了很大贡献。公元前310年,张仪为了免遭群臣杀害,请求离开秦国,最终去了魏国。

人们常把苏秦和张仪放在一起评价,实际上张仪比苏秦要早出仕近半个世纪。无论是苏秦还是张仪,他们在世之时推动了整个战国格局的走向。综观两人的一生,对秦统一华夏的历史进程起了很大的推动作用。

总而言之,这些士人的文化之旅,无论是拜师求学的游学之旅,还是涉及政治军事斗争的游说之旅,都是当时思想文化得到空前解放的反映。另一方面,士人的文化之旅也在思想文化、教育、政治等各个领域加速了历史进程。

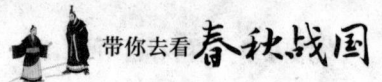

2. 古代邮驿系统就靠速度争取时间

在现代化的今天,有各种各样的通信方式。除了日常用到的手机、电话之外,还有邮政快递等方式。其实,如今的邮政就是由古时候的邮驿发展演变而来的。中国的邮驿源远流长,古时候的邮驿又是从早期的声光通信和专人送信演变而来的。

春秋战国以后,烽火台演变为绵延不断的长城,这是早期声光通信的一个质的飞跃。我国古代的邮驿在封建社会时就已经位居世界前列了。作为中国古代的一种通信形式,邮驿在封建社会曾肩负着传递情报和重要任务的使命,因而有"国之血脉"的美名。

春秋时期,传递信件的人很多,于是政府在干线道路上设置了馆、遽等处所,供南来北往的使者使用。车传是主要的通信工具,用车辆传送的邮递方式叫"传",靠步行传递的邮递方式称为"邮",由快马传递的邮寄则称作"驿"。其中还有专门为驿传修建的供其中途停靠休息的地方,称为"置",中途停驻的各个站点称作"亭"。这些邮驿系统在当时主要为军事和政治服务,或是传递文书,或是接待使客及运送物资,一般直接受政府管理。

据史书记载,孔子曾经还做过一段时间邮传方面的小吏,他对邮

第五章 春秋战国的出游

驿的速度之快颇有感触,曾言"德之流行,速于置邮而传命"。这句话的意思虽然是说德行广泛传播快于邮传,不过,孔子把邮传作为速度快的参照物,这足以说明他非常肯定邮驿的速度。虽然当时的邮驿远不如现代社会的邮政快捷,但作为中国众多的伟大发明创造之一,邮驿系统在中华文明的传递中起着至关重要的作用。

如今,我国许多地区仍然保留着数百年乃至数千年以前的邮亭遗址和古老驿站。许多关于古时邮驿的诗句、传说和神话故事都一一成了邮驿历史发展的见证。

两千多年来,各朝各代的统治者都高度重视邮驿的发展。"北通燕蓟,南通楚吴,西抵关中,东达齐鲁"。这句话恰恰说明了春秋时期邮传发展的盛况。尤其是战国时期,各国战争不断,为了准确地传递军事情报,各国更加重视邮驿的发展。按照情报的紧急程度,邮驿方式有了三种更细致的分类,即递、驿、徒三种递送方式。其中用马车传递情报的方式是递,用马传递情报的方式是驿,信使徒步传递情报的方式是徒。当时只有重要的军事情报才用递或驿的方式来传送,而一般的情报则用徒的方式来传递,所以当时的私人信件肯定是用徒的方式传播。

春秋战国时期,邮驿系统和之前相比有了很大程度的发展。单骑通信和接力传递的出现成为当时邮驿制度发展的一个重要标志,这也是我国邮驿制度史上的一次重大变化。

《左传》中曾记载了郑国相国子产的故事,这是关于快马通信最早的记载了。不过单骑通信和接力传递在春秋早期使用得还是比较少,直到春秋晚期才渐渐普及。一般情况下,还是"传车"和"驲"这两种传统的通信工具使用得比较多一些。"传车"就是前面提到的车传通信,"驲"则是一种比较高级的快车,通常只有有身份的人物有急事要

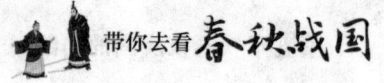

办时才使用。

相传，有一次齐国的大臣晏子想要出走，齐王听了以后十分着急，于是立刻乘上"驲"去追赶晏子，最后在边境追上了晏子并把他请了回去。由此可见，当时"驲"的速度是非常快的。

邮驿通信事业在战国时期很繁荣，这一点从简书和符信的广泛使用就可以看出来。众所周知，东汉时期才发明了纸，而在此之前甲骨文也已被淘汰，取而代之的是战国时期逐渐兴起的简书。这种简书是由竹木制作的，上面常用来刻写书信或文章。战国时期的日常公文、奏折、国与国之间的通信、说客上书几乎一概使用简牍。

兵符在战国时期成为一种普遍应用的通信信物，在邮驿发展中起着通行凭证的作用。符信在当时是一种通信的信物，往往既要有符又要有节。节是用来验证身份的，持有节的使者可以享受路途中专门的住宿伙食供给。符和节有些差异，是国家所规定的有效通行证件，多半是一种军事凭证。

关于符还有一个成语典故，那就是信陵君"窃符救赵"的故事。战国末年，赵国邯郸被秦国重兵包围起来，于是赵国的平原君给魏国的信陵君写信，向他求救。信陵君为人仗义，曾多次请求他的兄长魏安釐王派遣兵将去解除赵国的危难，但魏王一直不同意。无奈之下，信陵君和魏王的宠妃如姬联手，盗出虎符，率领八万精兵解救了赵国。虎符是当时调兵遣将的重要信物，只有通信使者拿着虎符的一半去和将军手中的另一半合符，命令才能生效。从这里可以看出虎符的重要性，若是没有虎符，士兵们是不会听从差遣的，他们往往只认虎符。

综观春秋战国时期的邮驿系统，就其功能而言，它完全是服务于当时的军事和政治的。不像如今的邮政系统，各种各样的邮政公司都是大众化的，都是为广大人民服务的，为人们运送大大小小的包裹，

第五章 春秋战国的出游

邮寄重要文件等。春秋战国时期的邮驿几乎不承担商业和社会职能，只有小部分达官贵人才利用邮驿为自己服务，范围也很有限。作为官僚机构的一部分，不仅是春秋战国时期，在后续的整个封建王朝的发展中，邮驿也始终未能走向商业化和大众化。

总的来说，中国是最早建立起一个完整的邮政体系的国家，其他西方国家随后的邮政制度在很大程度上受到了中国的影响。

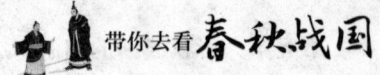

3. 春秋战国时期的造船业

我国的造船业历史悠久，最早可以追溯到传说中的轩辕黄帝时期，新石器时代便出现了独木舟，而造船业发展最快的一个时期要数春秋战国时期了。

春秋战国时期是一个非常重要的过渡时期，当时的冶铁工艺已有了初步的发展。随着铁制工具的发明和使用，手工业的发展水平得到显著的提升，其分工也更加明确。与此同时，木工技术也初具规模。这些都极大地促进了生产力的发展。鲁班就是春秋时期一位有名的木工。作为我国古代的建筑工匠，鲁班在很大程度上可以说是造船业的领军人物，为传统造船技术的发展奠定了技术基础。春秋战国时期正处于各诸侯国争霸的分裂时期，为此战争也是当时航海事业和海船发展的重要推动因素。

历史文献上关于船舶的记载有很多。据史书记载，齐景公曾经乘船在海上游玩了六个月的时间。六个月足以抵达朝鲜半岛了，而且国君出行一定是有大批护卫和随从护送的，由此可见当时的航海规模十分浩大。

此外，不仅国君有大型船队出海，民间海上活动的文献记载也有

第五章 春秋战国的出游

不少。春秋时期的邓析在《艺文类聚》中就记载了民间的海上活动场景，如"同舟涉海，中流遇风，救患若一，所忧同也"。这是在说明海上的乘客在乘船时遇到了大风大浪的危险，他们齐心协力，同舟共济，共同克服困难。虽然我们无法得知所记载的舟究竟是客舟还是从事海上运输的货船，但由此可以知晓当时造船业的发展盛况。因为不仅国君有自己的船舶，在民间，舟船也得到了广泛的使用。

春秋战国时期的造船工艺发展得很迅速。从用途上来看，既有民用的船只，又有军用的船舶；既有河湖船舶，也有航海船舶。

由于这一时期各类航区不同且在运输方面的要求也不尽相同，就逐渐出现了各种不同形状和特点的船舶。其中民间有出行便捷、快速的轻舟、扁舟，也有适用于短途交通的舱船。《楚辞·九章》中的"乘舲船余上沅兮"，指的就是这种既有篷又有窗子的小型船只。和它相对应的就是艨艟，艨艟是一种大型的舰，又称王舟，它是专门供国君乘坐的，是身份和地位的象征。此类王舟的建造十分坚固，而且美观华丽，这也反映出春秋战国时期造船工艺已达到了较高的水平。

春秋战国时期的舟船也有一些其他的名称，像是舟、舸、艇等。在商周之前只称作舟。春秋战国时期有了如此繁多的名称，这从侧面也反映出这一时期造船业的空前发展。

船舶在当时不仅仅用于人们日常出行游玩，那时的人们已经形成了用船舶来运输物资的意识。人们深知船舶在运输中所起到的巨大作用，特别是粮食的运输，这是普通车辆运输远远无法企及的。比如春秋时期曾经出现"泛舟之役"的事件，那是秦国在黄河上用水航船赈济晋国粮食的记录，历史上常常把泛舟之役看作漕运之始。

在具有划时代意义的春秋时期，航运业可以说是各个诸侯国的政治和经济支柱。各诸侯国为了在战争中占据优势，于是都纷纷铸造自己的舟船。长江流域的航运事业要比黄河流域更为发达一些,因为自古以来南方的水上交通就要比北方便利,而且江河湖泊众多。其中吴国、楚国和越国位于长江中下游和东南沿海附近,其造船业自然占据一定优势地位,这使得这些国家的造船业无论是在数量上还是在质量上都有了很大的改进和提升。

在春秋战国时期,吴越两国就进行了长达数十年的战争,主要就是以舟战的方式。十几年的战争使得越国沦为吴国的附庸国。后来,越国又灭了吴国,在长江中下游一带形成了楚国和越国对立的局面。当时的舟战多在长江流域,但北方地区也是存在舟战的。

各诸侯国无一不重视发展壮大自己的水上武装力量,以此来确保本国航运的畅通,并且防御从水路而来的邻国的袭击。因此,当时的造船技术在线型设计上有了明显改善,主要表现为更加注重建造水上防御和攻击的战船。出于水战的需要,这一时期主要有大翼、中翼、小翼、突冒、楼船、桥船等用于打仗的战船。另外还有楼船、突冒、桥船等不同用途的舟船。以吴国为例,吴国的战船按规模大小可分为大翼、中翼、小翼三种类型。其中吴国战船大翼长12丈,宽1丈6尺,这种规模的船大约可承载26名战士,50位舵手和3名船长;中翼长9丈6尺,宽1丈3尺;小翼长9丈,宽1丈2尺。

到了战国晚期,这三翼战船的长度、大小又有了进一步的扩大。三翼战船船身更加细长,而且行驶速度越来越快。若是赶上顺风顺水而下,再加上这50个舵手高超的划行技术,那么船就会飞驰般前行。可以说,水战在很大程度上促进了战船的发展,同时也使春秋战国时期的造船技术得到了发展。

春秋战国时期的舟船受战争等多种因素的影响,除了以上提到的船只外,还有戈船等各种各样的战船类型。据记载,当时的船体具备

第五章 春秋战国的出游

一、二层甲板结构,甚至还有了初期的三、四层型制的楼船。

综上所述,春秋战国时期的舟船无论是在交通运输上,还是用于军事战争,都起到了至关重要的作用。不仅舟船的用途广泛,而且类型也是多种多样,且制造规模庞大,制造技艺高超,航路畅通。这一时期是我国航运较发达的时代,为我国后世造船业、航海业的发展奠定了基础。

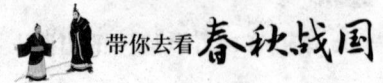

4. 走进七大养马区，看马匹对各国发展的影响

当提到春秋时期的孙阳，估计没有多少人知道他是谁。但我们都知道"伯乐相马"的故事，而孙阳其实就是"伯乐相马"中的那个伯乐。孙阳在当时是出了名的相马大师，对于各种马匹都很有研究。于是人们常常叫他伯乐，时间一长他的本名就被人淡忘了。因为传说中，人们把在天上管理马匹的神仙叫作伯乐，所以人间的那些精通鉴别马匹好坏的人，也就被叫作伯乐了。

孙阳是中国历史上第一个被称为伯乐的人，伯乐这个称呼甚至一直延续到现代，只不过意义已经不仅指那些对马匹有研究的人了，而是引申为善于识别和爱惜人才的人。

伯乐相马的故事发生在春秋时期的楚国。古时最主要的交通方式，除了步行以外，就是骑马和坐马车了。在当时，拥有一匹好马就相当于在现代有一辆名贵的跑车，它不仅是交通工具，更是身份地位的象征。当时的楚王就想要得到一匹可以日行千里的好马，于是便令孙阳前往各地寻找好的骏马。孙阳接到如此重要的任命，自然要细细寻访好马了，然而这个过程并不是一帆风顺的，因为千里马并不常有。虽然当时燕赵一带盛产名马，可孙阳在那里还是没能找到中意的马匹。

第五章　春秋战国的出游

一次偶然的机会，孙阳在路上看到一匹拉着盐车的马，在陡坡上十分艰难地迈着步，累得气喘吁吁。孙阳看得心疼，便走到这匹马跟前。这匹马仿佛和孙阳心有灵犀似的，见到孙阳走来，它突然抬起头，睁大眼睛，发出撕心裂肺般的吼叫，像是对孙阳倾诉着什么。孙阳也立刻辨认出这是一匹难得的千里马。他对马夫说："你把它卖给我吧，你用它来拉车，它连普通的马都不如。但是在疆场上驰骋，任何马都比不过它。"在马夫看来，这匹马实在是太普通了，吃得多却很瘦弱，拉车也没有气力。马夫毫不犹豫地就答应了，还沾沾自喜地以为孙阳是个大傻瓜。就这样，孙阳一路牵着千里马回到楚国。到达楚王宫时，孙阳拍了拍马对它说："你很快就有新的好主人了！"楚王初见千里马时只觉得它瘦弱不堪，认为孙阳在捉弄他，于是生气地说道："我信任你才让你去买马，可你买的马这么瘦，走路都困难，如何上战场呢？"孙阳解释道："请大王相信我，这的确是匹千里马。它是因为长久没有得到精心喂养，又辛苦地拉车，所以身体受到损耗。只要精心调养几日，一定可以恢复的。"楚王听了，半信半疑地命马夫尽心尽力把马喂好。几日后，果然不出孙阳所料，楚王驾着千里马，只觉两耳生风，不一会儿这匹马已跑出百里之外。此后千里马为楚王驰骋沙场，立下汗马功劳，楚王对孙阳也更加信赖。

讲完了伯乐相马的故事，接下来一起看看春秋战国时期主要的养马区。养马区在春秋战国时期就已经形成，并对日后的养马地分布产生比较深远的影响。当时的养马地区有中原产马区、西南产马区、西北产马区、塞北产马区、关东产马区和东南产马区。从这些分布地区可以看出其范围比较广阔，几乎各地区都设有养马区。这也体现了古时候马匹的重要性，无论是战场上作战还是日常出行都离不开马。

中原产马区主要分布在黄河中下游地区和黄淮流域，也就是今天的河南、河北、山东、陕西、甘肃一带。春秋战国时期战争不断，人们对马的需求量自然是极大的，因而中原地区很注重饲养马匹，渐渐地就形成了产马区。中原地区古时也是齐国、魏国、赵国和韩国的聚居地。

西南产马区分布在巴蜀地区，中国云南马的起源就是这里。西南马有许多品种优良且较为名贵的良马，能够适应山区的环境，但是在战场上用于军事作战比不上北方的马匹。公元前316年，秦惠王派张仪率军攻占巴蜀，将此地据为己有。

西北产马区主要包括陕甘地区及其西部地区。这一地区处于秦国控制区域内。秦国的祖先曾经为周孝王养过马，所以这里有着悠久的养马史，善于饲养马驹。秦国拥有着强大的军事力量，令其他各国心生畏惧，想来和秦国占据了重要的产马区也有密不可分的关系。

塞北产马区分布在如今的内蒙古、宁夏等西北部地区。这里有着广阔的大草原，自然也盛产良马。在春秋后期，当时北方少数民族进入了游牧时期，形成了规模更大的马群。当时赵国的版图已延伸到山西、河北及内蒙古的部分地区。赵国毗邻塞北产马区，经常通过交易的方式获得马匹。赵国治理下的代地位于西北高原地区，那里的人们大多不识礼文，喜爱骑射打猎，因而有学者把赵国的西北高原地区认作畜牧区。《战国策》中也有对赵国代地优良马匹的记录。赵国在经历了"胡服骑射"的变革后，大大增强了军事战斗力，这和良马众多一定也有很大关系。

关东产马区，也就是中国的东北地区。此时东胡渐渐兴起，成为新兴的骑马民族。与此同时，燕国势力也深入关东，控制着辽宁地区。从《战国策·赵策二·苏秦从燕之赵》中的"燕必致毡裘狗马之地"中也能看出燕国辽东地区有丰富的良马。

第五章　春秋战国的出游

东南产马区在吴越地区。直到春秋晚期，吴国才在晋国的帮助下学会车战，吴国的养马历史也是从此时开始的。但是和其他地区相比，吴越地区从古至今都不是重要的产马区。

战国七雄都拥有自己的产马区，各国对战马的养殖也都十分重视。受地理位置和自然环境差异的影响，各国在饲养马匹的实力上存在差距。其中，秦国、燕国和赵国由于地理位置的显著优势，除了自身拥有广阔的牧场外，还可以从相邻的游牧民族那里引进优良的马驹，因此他们在建立骑兵部队上有着无可比拟的优势。此外，随着骑兵的出现，战争中对战马的消耗量进一步加大，造成了马匹养殖量的增加，也大大加速了养马业的发展，而战马的喂养又进一步推动了农业的发展。所以骑兵不仅带来了战略思想的变革，还促进了农业、养马业的发展。

如今随着时代的发展，马匹作为交通工具已经渐渐退出了历史舞台，但它在春秋战国以至整个中国封建社会史上所起到的重大作用将永远被铭记。

第六章

别样小憩，五花八门的娱乐消遣

导语

在春秋战国时期，由于受限于经济发展水平，与现代相比，娱乐活动肯定匮乏得多，其实当时的娱乐活动并不少，比如射礼投壶、斗鸡、六博棋、围棋等。春秋战国时期是百家争鸣、文化思想活跃的重要时期，经济和文化的发展促进了娱乐活动的发展。接下来让我们一起感受一下它们的魅力吧！

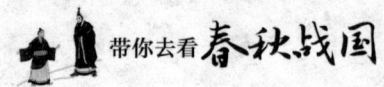

1. 要想玩好射礼投壶，规矩可不少

春秋战国时期是一个过渡的历史时期，奴隶制渐渐地走向没落，封建制慢慢形成。此时的社会经济、政治发生着很大的变化。在经济政治关系的影响下，文化、教育和娱乐活动等方面也有了新的发展，人们的生活也随之变得丰富多彩，出现了很多诸如蹴鞠、六博棋、投壶、秋千等娱乐活动，满足了人们的文化和休闲需求。

"投壶，射之细也。"也就是说，投壶游戏是从"射礼"中慢慢分化出来的。那么射礼又是什么呢？大家或许对射礼比较陌生，但是一些人肯定听说过"弓道"，其实就是射箭。日本和韩国的"弓道"就是由中国的"射礼"变化而来。

射礼是一种古老的中华礼仪，"射"只是表面，"礼"才是人们追求的深层次的精神境界。射礼通常出现在宴请宾客时，主人和宾客在家中进行射箭、礼乐和各种各样的比赛活动。这些活动中无一不渗透着详尽的规则和周到的礼数。西周社会的"礼"贯穿整个封建社会发展的始终，甚至在整个人类文明史中起着至关重要的作用。"射"作为当时进行礼教的一种方法，因此被誉为"射礼"。

射礼在当时主要可分成两大类：一种是大射礼，另一种为乡射礼。

第六章 别样小憩，五花八门的娱乐消遣

根据身份的不同，大射礼主要适用于天子、诸侯和卿大夫；乡射礼适用于卿大夫、士以及普通百姓。若是按照用途和目的划分，大射礼又可细分为大射、燕射、宾射，一般在天子进行祭祀活动时，在射宫举行大射礼；当天子和大臣们宴会休息时，举行燕射；当诸侯朝见天子的时候，在王朝举行的称作宾射。

那么，为什么射礼会渐渐分化出投壶游戏呢？想必有以下几方面的原因：庭院不够宽阔，场地有限，无法进行大规模的射箭比赛；或是宾客众多，施展不开；抑或是有的宾客的确不会射箭。在当时，诸侯宴请宾客时的主要礼仪就是请客人射箭。当时的成年男子大多会骑马射箭，谁若是不会就会受大家嘲笑。但的确有人不会射箭，却又不好推辞主人的邀请，就用箭投酒壶来代替。受这些因素的影响，慢慢地就用投壶代替射箭了。

春秋战国时期是投壶游戏的最初阶段，但此时也是它发展较为迅速的一个时期。频繁的战乱使得社会上盛行尚武的风气，武士备受青睐。在军队，射箭自然成为一种重要的技能。到了战国时期，民间很流行这种游戏。作为宴会上的娱乐项目，宾客们常常边喝酒边投壶。

投壶蕴涵着从容不迫、修身养性和崇尚礼节的思想，符合当时的价值观，因而得到较快的发展。另外，铁制农具的出现在很大程度上促进了社会生产力的提高，使得投壶的用具变得丰富多样。此外，各种学术思想的林立为作为体育运动之一的投壶的发展奠定了理论基础。

那么投壶属于哪一种射礼呢？这个问题一直被许多投壶研究者争论不停。一种观点认为投壶是由"大射""乡射"变化而来。另一种观点认为，投壶是从"燕射"演变而来。通过诸侯招待来宾的宴会，双方可以借此窥探到彼此的军事实力。因为射箭具有明显的军事色彩，

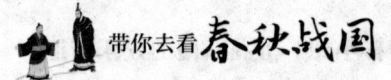

因而会导致宴会氛围不够友好,所以就用投壶来替代,并配着彬彬有礼的音乐伴奏,显得端庄而不失礼节。

除此之外,还有一种说法也认为投壶是"燕射"变化而来的,但它产生的原因是随着奴隶主阶层的没落,诸侯水平太差,不会开弓射箭,所以才改射礼为投壶。如此说来,不论是什么原因,投壶都应该是由"燕射"演变而来。从第二种观点来看,燕射始终带有一些军事上的较量,带有耀武扬威的色彩。

《左传·昭公十二年》有关于投壶的记载。公元前531年,当时晋昭公很快就要登基。齐国、卫国和郑国三国的国君前来祝贺。于是晋昭公设宴招待三国国君。宴会中,晋昭公当然要进行有名的"燕射",也就是有趣的投壶游戏。这时晋国的大臣荀吴起身奉承道:"晋国物产丰富,酒多得像那滔滔不绝的淮水,肉多得像水上的沙洲,晋国的国君百发百中,堪称各诸侯的主人。"说完这番话之后,晋昭公很是争气,一投便中。此时,身为一等大国国君的齐景公相当不服气,拿着箭上前说道:"齐国的酒多得像那长长的渑水,齐国的肉多得像连绵不断的山岗,齐国的国君可以一矢中的,完全有能力代替晋国成为诸侯之主。"说完之后也一投而中。这时一个叫伯瑕的晋国大臣埋怨荀吴说:"晋国本就是霸主,为什么非要用投壶中矢来证明呢?齐国君主使咱们君主受挫,以后怕是不会再来朝拜了。"荀吴驳斥道:"我军的将士们个个威武雄壮,勤奋上进,我们还和过去一样强大,齐国不敢背弃盟主的。"由此看来,当时的投壶的确多少有些外交政治耀武扬威的色彩。

春秋时期的投壶游戏最先盛行在上层社会中,像刚刚提到的"燕射"就是诸侯相会宴请时的游戏。随着时代的发展,到了战国时期,投壶也在民间流行起来,不再仅为贵族的娱乐方式。民间的乡里聚会中，男女可同坐一处，边喝酒边投壶，很是尽兴。无论是在闹市陋巷还是在乡村，热闹的投壶场面随处可见，比起那种带有几分政治色彩的投壶较量，民间投壶的氛围往往要轻松、愉快很多。

春秋战国时期的投壶用具有很多，其中主要包括矢、壶、算、中、马、筹、瑟等。整个投壶礼节是十分庄重的，举行投壶时，要经过诸多程序，像是请宾客投壶、三请三让、进壶、宣布规则、投壶、庆礼等。投壶既可以助酒兴，又可以展示礼仪修养；既不太费力，又带有竞赛色彩，极具趣味性，因而投壶的参与性很强。但是，春秋战国时期的投壶用具还达不到专门化的水平。投壶所用的"壶"就是最初的酒壶，后来才出现了宴饮时专门用于游戏的投壶。即便如此，投壶所用的壶也是有一定标准的。壶的颈部比较细长，且壶中装满了豆子，这是为了防止投的矢从酒壶中跳出。所用的"矢"呢，是由不去皮的"柘"或者"棘"枝制成。根据不同的场合，有三种不同的矢可以投掷。有室内用的矢，也有室外用的矢。

投壶看似一种游戏，实则蕴含着深厚的等级、礼制思想。在现代化的今天，我们也可以多举办一些古时候的活动，取其精华，去其糟粕，体味其中深厚的文化底蕴。

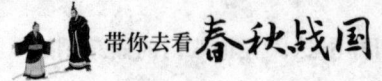

2. 疯狂的斗鸡游戏

鸡在春秋战国时期就已作为六畜之一存在,被普遍饲养。当时养鸡还属于原始的散养状态,人们通常在土墙上凿个洞,为鸡筑巢或者是砍伐小木桩供鸡栖息。在中国的传统文化中,人们把鸡看作一种灵禽,认为鸡具有不凡的身世,因为鸡日出则鸣,它们可以帮人们驱逐妖魔。凤凰的形象就来源于鸡。鸡喜欢搏斗打架,所以也有勇敢善斗的象征意义。总之,在人们看来,鸡的寓意一直都是好的,甚至还有吉祥的象征。在不少历史资料中,都有关于禽种分类的记载。其中《庄子》提到的"越鸡不能伏鹄卵,鲁鸡固能矣"就描述了当时越鸡和鲁鸡的区别。郭义恭的《广志》也记载了各种类型的鸡,包括它们的品种、产地、习性和用途等。

经过长期的驯化和饲养,出现了越鸡、鲁鸡、蜀鸡、郓鸡、艾鸡等家鸡。在春秋战国时期,人们甚至还掌握了家禽配种的适宜季节。随着时间的推移,渐渐演变出了"斗鸡"。区别于其他类型的肉鸡,斗鸡不仅有着健壮的体格,发达的肌肉,而且体形魁梧,英勇善斗。人们也把斗鸡称作"打鸡""咬鸡"。这些称呼足以体现其强大的战斗力。据说,两只雄鸡为争食而互相打斗的时候,一般会拼个你死我活,将

第六章 别样小憩，五花八门的娱乐消遣

生死置之度外，直到剩下最后一口气。

有了斗鸡以后，便出现了斗鸡游戏。这种游戏起源于亚洲，且中国是世界上最早饲养斗鸡的国家之一。在国外，印度的斗鸡也有着悠久的历史。此外，有斗鸡游戏的国家还有菲律宾、日本、缅甸、泰国等。在我国历史上，自春秋战国以来，斗鸡一直延续到各朝各代，甚至现在还有不少地方为了热闹而举行激烈无比的斗鸡游戏。

斗鸡是一种利用雄鸡的好斗习性赌胜负的民间传统娱乐习俗，是人们的一项消遣活动。之后，斗鸡作为激起战士勇气的活动甚至被推广到军中。一般斗鸡的规则是把两只厉害的公鸡放在一起，让它们互相啄咬。如果两只公鸡打斗了许久，变得疲惫起来，就要用水泼它们，使它们保持清醒，振奋精神，重新投入战斗中，直到有一方撑不住为止。中国有名的四大斗鸡要数漳州斗鸡、中原斗鸡、吐鲁番斗鸡和西双版纳斗鸡了。

相传，春秋时期的纪渻子是当时有名的训练斗鸡的行家，齐宣王听说他善于训鸡，于是找他来训练斗鸡。过了十天，齐王问他："斗鸡现在训练得如何？"纪渻子回答说："鸡的性情高傲，总是昂首挺胸的，还不到时候呢。"又过十天，齐王问："斗鸡这一次总该训练好了吧？"纪渻子说："还没有，它现在沉不住气，别的鸡一有动静，它还会受影响，这样也不能算成功。"一个月以后，齐王已经等得十分不耐烦了，每天在宫里走来走去，可纪渻子呢，不紧不慢地坐在鸡舍前训练着斗鸡，有时候还端着酒杯边饮酒边唱歌。等到纪渻子训练了斗鸡四十天时，才告诉齐王："斗鸡训练成功了，请大王观看。"这只鸡非常厉害，站在一群斗鸡中间，心神安定，像一只木头做的鸡，别的鸡看到它的样子都不敢同它斗，全都吓跑了，可见它真是天下无敌的斗鸡。

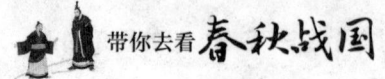

还有一个传说，鲁国的季平子和邻居昭伯因为斗鸡一事而得罪鲁昭公，甚至还为此互相打了起来。事情是这样的：鲁国的正卿季平子和大夫郈昭伯是邻居，所以两家人没事的时候就在一起斗鸡消遣。但是这两家人都比较狡猾，几乎从不遵守游戏规则，总是绞尽脑汁地想法子取胜。他们每次斗鸡时都把各自的雄鸡全副武装。第一局比赛前，季平子将芥末面撒在了鸡的翅膀上。可想而知，在第一回合中，郈昭伯的鸡在开场没多久，就被空气中撒落的芥末面辣得睁不开眼，爪子一个劲地往自己眼上抓。于是，季平子的公鸡趁机迎上去攻击，以碾压性的优势获得胜利，为季平子赢取了不少财物。郈昭伯也很机智，在识破季平子的诡计后，他也暗自在公鸡爪子上绑了个锋利的刀片。显然鸡爪子是无论如何也敌不过刀片的。在第二回合中，赛场上飘起满天的鸡毛，场面出现斑驳的血迹，显然是郈昭伯胜。

对于这一结果，有权势的季平子当然不服气。他仗着人多势众，不仅把郈昭伯给打了，还霸占了人家的家。不久，臧昭伯家族内有了争端，臧邵伯的堂弟躲藏到季平子家中。昭伯的家臣带人去季平子家抓人，由于季平子当时不在家中，他的家臣不让他们入内。没想到臧昭伯的人胆子很大，竟然硬闯进季家府邸，而且还将季平子的人一起抓了。昭伯的这一行为，季平子当然无法容忍。于是，他怒气冲冲地带领众多军士来到臧昭伯家中，把凡是涉及去他家中抓人的人都抓了起来。臧昭伯不甘心，却又对抗不了季平子，于是便和郈昭伯一起向国君鲁昭公寻求帮助。季平子常常不把这个国君放在眼里，所以鲁昭公也早就想要除掉季平子，恢复自己的权力。因此，鲁昭公公开支持昭伯，出兵包围了季平子的府邸。季平子被擒后，虽一再表示妥协，可鲁昭公依旧没有允许，想要除之而后快。但一个叫懿伯的人不赞同他这么做，他劝谏鲁昭公不要把季平子逼急了，毕竟季平子已经执掌

第六章 别样小憩，五花八门的娱乐消遣

鲁国大权很久了，他的追随者众多，会跟着他造反。但是，鲁昭公没有听懿伯的意见，反而派郈昭伯去迎接孟孙氏的私人兵丁前来助战，企图灭掉季氏。然而，前来参战的人，在衡量自己家族的利弊得失后，认为除掉季平子对自家一点好处都没有。于是，孟孙氏的家兵临阵倒戈，拒绝参战。昭公遭到背叛，兵变后他无颜在国内待下去，无奈地逃到了齐国。

春秋战国时期有不少逃亡的国君，可谁也没像鲁昭公这样由斗鸡这样的小事引发一场兵变而出逃的。自此，他成为人们茶余饭后的一个笑料，真是得不偿失啊！

这些就是春秋战国时期关于斗鸡游戏较为出名的故事。由此可见，当时的斗鸡游戏很受人们重视和喜爱，已经成为人们休闲生活中重要的一部分。

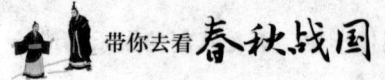

3. 象棋前身六博棋，玩的就是刺激和心跳

　　琴棋书画，是被古人视为高雅的娱乐活动。如今有各种各样的棋和千奇百怪的下法，如五子棋、围棋、象棋、跳棋、飞行棋等，其中的围棋和象棋可以说是普及率比较高的棋类了。那么，春秋战国时期人们会下象棋吗？当然不会，因为那时还没有出现象棋。但是当时已经出现六博棋，它是象棋的前身，现代的象棋其实就是由六博棋慢慢地演变而成的。

　　六博棋是古代棋类的一种，是当时深受人们喜爱的娱乐活动，在春秋战国以前就出现了，到了春秋战国时期曾非常盛行。六博棋之所以叫六博棋，大概是因为黑白双方各有六枚棋子。六博棋也叫博戏或陆博，是两个人下的棋，双方各持六枚棋子。其中各有一枚最厉害的棋子，叫作"枭"，相当于"王"；另外的五枚叫"散"，相当于卒。六博棋由棋子、博箸、棋盘三种器具组成。下棋的人在曲折的棋盘上下棋，用投箸的方法决定可以走几步棋。其中投具在六博棋游戏过程中起到关键作用。谁输谁赢完全都是随机的，虽然也依靠一定的技巧。正是因为这种不可预测的因素在里面，使得六博棋更具有吸引力，因而成为当时盛行的游戏。

第六章　别样小憩，五花八门的娱乐消遣

这种游戏还受到春秋战国时期兵制的影响，六博棋是象征战斗的一种游戏。在军队里，五人为伍并设有一个伍长，共六人。作为军事训练，两队人马常常搞的竞赛也是每队六人。比赛时投了几箸就行走几步棋，双方相互斗智进攻，从而置对方于死地。

六博棋在当时战争频仍的背景下应运而生，不单单是一种娱乐方式，也丰富了人们的业余生活。六博棋棋盘的中心分布有黑白两条阴阳鱼，棋盘中的四角暗示着东南西北四个方向，从角上开始，最后回归到中心。棋盘中一共有三十二个行棋点，棋盘上的行棋点线，从角上按照逆时针方向走。从相邻的点上也可以进退，但是棋子只能是从角跳到角，或者从角滑到点。除了中间四角的点之外，都不能从角直接跳到点上。棋盘中的四个圆点是在双方博弈时，一方将对方的棋子俘获之后，将这枚棋子放到自己这边的圆点中拘留。棋盘中间藏有八卦，这八个点上的棋子通过猜拳的方式行走，若是猜拳时得到的数字为"1"，就可以直接进入太极中心。此外，六博棋棋子的摆放还要按照一定的规则来。开局前，双方分别把自己的六枚棋子平放在棋盘己方的两个角上。走棋时棋子在到达的点上则要横放，最后当棋子到达中心时竖放。

春秋战国时期，有很多关于六博棋的故事的记载。《左传》中就记载了周庄王十五年由于博局杀人的事情。涉及的人物有宋国的将军南宫长万和宋闵公。

据记载，周庄王十四年，宋国和鲁国之间的矛盾激化，双方展开了一番交战，结果是宋军失败，南宫长万遭到俘虏。多亏了周天子在中间说和，宋国和鲁国最终和好如初。于是南宫长万被送回宋国。可是经过这次战败后，宋闵公经常称南宫长万为"败军之将"，以此来奚落取笑他。曾有一次，宋闵公去蒙泽游玩，也就是今天的河南省商丘，

无聊时就让南宫长万与他对博，输的人罚酒。宋闵公十分擅长玩六博棋，因而南宫长万连着输了五局，被罚了五斗酒。此时，已酩酊大醉的南宫长万心中很是不服，请求再次对博。闵公一语双关地讽刺道："怎么，常败将军还想和寡人争个胜利不成？"这番话令南宫长万羞得无地自容。恰巧此时使臣来报说周庄王死了，周僖王成功即位。宋闵公便说要派人前去吊丧。南宫长万请缨要做使臣，却又一次地遭到闵公的嘲笑。他再次嘲讽道："我宋国是没有人了吗，竟然要让一个俘囚去担任使臣。"宫人听了都大笑起来。南宫长万恼羞成怒，趁着酒劲，丝毫不再顾及君臣之礼，破口大骂道："你个昏君，你不知道俘囚也会杀人的吗？"闵公怒道："贼囚是疯了吗！"于是拿起身边的铁戟想要刺死他。南宫长万忽然举起了六博盘，向闵公摔去，把他打倒在地，又狠狠击打了好几拳，直到将闵公活活打死。

  从这一场由六博棋引发的血案足以可见当时六博棋局的威力和地位。到了战国时期，六博之戏更为多见。例如，《史记·魏公子列传》中曾记载：战国时，魏国的宫廷里盛行六博棋。有一次，魏安釐王和他的弟弟正在下棋，有快马来报说，赵国出兵了，怕是想要侵入北方的边境。魏王听后不禁惊慌失措，把棋局一把推到地上，马上就要召集所有大臣商议对策。他的弟弟却十分淡定地说："请大王放心吧，赵王只不过是在狩猎，不会进攻魏国的，我们还是继续下棋好了。"于是两人继续对博，魏王的弟弟继续从容不迫地下棋，但是魏王却心不在焉。过了一会儿，快马又来回报，证明赵王的确是在狩猎。原来，魏王的弟弟身边不少门客都被安插在赵王身边作间谍，因此对赵王的行踪了如指掌。因为这件事，魏王从此非常看重和信任他的弟弟，还让他当大将军，执掌魏国的军政大权。这位魏王的弟弟就是信陵君魏无忌，他也是当时的战国四公子之一。

第六章 别样小憩，五花八门的娱乐消遣

除此之外，《史记·刺客列传》中还记载了一件发生在战国末期的事情。一次，荆轲在赵国邯郸游玩时，曾和鲁勾践玩六博。在玩棋时，荆轲抢占了棋道，相当于犯了规，这让鲁勾践十分不满，非常不客气地骂了荆轲一通。荆轲由于只身一人力量小，打不过鲁勾践，只好灰溜溜地逃走了。另外，《史记·滑稽列传》中记载："洲间之会，男女杂坐，行酒稽留，六博投壶，相引为曹。"这足以可见当时热闹非凡的博棋场景。

除了东方各国的魏国、赵国、齐国、晋国和宋国等，西方的秦国也盛行玩六博棋。《韩非子》中讲了秦昭王玩六博棋的故事：秦昭王十分爱玩六博棋，为了做玩六博棋用的博箭，曾让人到华山去砍伐长成千年的松柏，并且只选择松柏的木心来做博箭。相传，博箭有八尺长，棋长有八寸，并且上面刻有"王与天神博于此"的字样。在如今华山的两座孤峰上，还有"博台"的遗址。以上这些故事无一不说明六博棋在当时深受人们喜爱的地位。

4.围棋对弈,当时就已经有绝世高手

众所周知,中国古代的四大艺术是琴棋书画。它们历史悠久,文化悠远。其中的棋指的就是围棋。围棋千变万化,散发着很大的魅力。正是由于它的这种千变万化,几千年来一直吸引着人们,不仅中国人下围棋,现在围棋也受到国外很多人的喜爱,流传到了世界各地。围棋不仅是一项技艺,更是一门科学,因为它可以最大限度地开发智力,启迪思维。学习围棋不仅可以使头脑更灵活,而且还可以颐养性情。在围棋的对弈中,包含着形象思维和逻辑思维两种思维方式。这意味着它可以增强机械记忆和理解记忆,还能提高人们的计算力。对于喜欢下围棋的人来说,在春秋战国时期,是否能够过一把棋瘾呢?当然可以了,因为我国最早关于围棋的记载就是春秋时期了,至今为止已经有两千多年的历史。

围棋是一种两个人玩的棋类游戏,在古时候也把围棋称作"弈"。围棋的棋盘为方形带格,棋子为圆形,有黑白两种颜色。棋盘上共有38条线段,把棋盘分成361个交叉点,下棋双方的棋子走在交叉点上,落子后不可以再移动,最后看谁的围地多,谁就胜利。因为黑方先走占了优势,所以规定黑方局终时要给白方帖子。

第六章 别样小憩，五花八门的娱乐消遣

在古代下围棋时，黑白双方在对角星位处各摆放两子，白方先行。然而到了现代，围棋取消了座子规则，往往黑先白后，这样围棋的下法就变得更加复杂。

春秋战国时期正是奴隶社会瓦解，封建社会建立之时，诸子百家各执己见，四处游说，甚至在围棋领域也出现了百家争鸣的局面。人们对待围棋的态度也各不相同，对其褒贬不一。在关于围棋的论述中自然也出现了许多有价值的论点，围棋的理论日渐形成，极大地促进了围棋的后续发展。

以孔子为代表的士阶层起初是很不看好围棋的。《论语》里有记载说下围棋的都是些饱食终日、无所事事的人，难成大事，做不了贤人。孔子的这一观点在当时具有深远的影响，从此但凡有人攻击围棋时，就常说类似的话。孟子师从孔子，自然对待围棋也持否定的态度。孟子甚至把下围棋的人算作"五不孝"之一。然而和孔子不同的一点是，孟子认为下棋时就必须做到专心致志。《孟子·告子上》里记载："今夫弈之为数，小数也；不专心致志，则不得也。"大意为：学习围棋时只有专心于己方并致力于攻击对方，才能领会围棋的精髓。孟子不仅承认围棋是一门深奥的艺术，须要心无旁骛才能学会，而且还指出这种技巧是可以习得的。这一观点对当时围棋的发展是很有意义的。

提到围棋，就不得不提一位有名的围棋高手了，他就是国棋的"鼻祖"——弈秋。弈秋是有史以来记载的第一位棋手，他精通棋艺，在当时无人不知，无人不晓。据记载，弈秋大概是战国初期的人物，因为在《孟子·告子》中最早记载了他的事情。相传，当时有很多人想拜弈秋为师。后来弈秋收了两个徒弟，其中一个学生专心学棋，上课时从来不开小差。而另一个学生完全只是冲着弈秋的名气来的，虽拜了师父，但也并未见其刻苦学习。上课时他总是往窗外看鸿鹄飞来飞去，

一旦鸿鹄飞来了就拿弓箭射两下玩儿。结果可想而知，同样是跟着一个师父学习，一个学生学有所成，而另一个却未能领悟棋艺。由此可见，无论做什么事情都要心无旁骛，专心致志。学棋要专心，下棋更应该专心。因为即便是弈秋这样大师级别的人物，下棋时分心也不能取胜。

还有一件关于弈秋的故事。据说，有一次弈秋正在悠闲地下棋，这时从对面走来一个吹笙的人。美妙的乐声令人如痴如醉，弈秋听得入了迷，便走了神，侧着耳朵聆听着。而此刻恰恰到了决定胜负的关键时刻。笙乐戛然而止，吹笙人已经走到了弈秋身旁，向他请教围棋之道，弈秋还未回过神来，一时竟不知如何对答。弈秋当然精通围棋之道，只不过此时的他注意力全跑到笙乐上面去了。

史书上的这些记载大致是想向人们传达一种精神，那就是只有专心致志才能下好围棋。

关于围棋还有一个成语故事——"举棋不定"，它形容一个人犹豫不定，无法做出决断的状态。《左传·襄公二十五年》中就记载了这个故事。

公元前559年，卫国大夫孙文子和宁惠子发动了一场军事政变，把卫献公赶下台去，另立他人当了卫国国君。宁惠子临死前才觉得自己做的并不对，想要挽回，于是把他的儿子宁悼子叫到身边，对他语重心长地说："我的儿呀，为父悔不当初，当初因父亲一时鲁莽无礼，竟驱逐了国君。现在我认识到了我的错误，后悔万分，只有你能挽救了，你帮我把卫献公接回国吧。"话音未落，宁惠子就含泪而终了。一直流亡在国外的卫献公听说宁惠子去世的消息后，便悄悄地开始实施复国的计划。他暗自派人和宁悼子取得了联系，并信誓旦旦地承诺，自己回国后一定会让宁悼子掌权，并且自己不再理任何政事。宁悼子

第六章 别样小憩，五花八门的娱乐消遣

为人单纯，听了之后很心动，于是就和大臣们在一起商议。然而大家都反对宁悼子把卫献公接回国来。因为大家觉得这样做很危险，怕卫献公报复。其中一个大夫规劝他说："这就和下棋是一个道理，棋手如果举棋不定就会遭到失败。对待一个国君的废立更是如此，你如果犹豫不决是会招来灭族之祸的。"可是宁悼子不听大臣们的忠言相劝，硬是迎回了卫献公，结果反而被卫献公用计杀害了。这就是"举棋不定"的故事，从此以后，这个成语就用来比喻优柔寡断。这个故事从另一个方面也体现了围棋在当时社会上已经成为人们常见的事物，为人们所熟知。

作为中国的传统棋种，围棋不仅在春秋战国时期广为流传，此后的各个朝代都涌现出许多才华横溢的围棋高人，史书也记载了许多动人的围棋佳话，这些无一不是我国古代劳动人民智慧结晶的体现。

第七章

春秋战国时期的经济

导语

春秋战国时期虽然战乱四起,但由于经济发展和生产力的提高,经济逐渐繁荣,出现了很多大富豪。经济可以左右一个国家的命运,也可以被用来作为武器攻击他国。春秋战国时期的商业虽然还不太规范,但已经为身处其中的人们带来了便利。

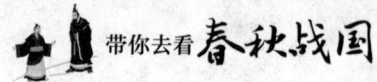

1. 春秋战国时期的货币

春秋战国时期的手工业和商业已有了飞快的发展，民间市场交易也渐渐地在扩大，货币的使用更加频繁。由于各地区经济发展不平衡，因此不同的地区有不同的货币形态，在此基础上就形成了不同的货币体系。尽管这些货币的外观样式不尽相同，但它们有一些共同的特点。比如，当时的货币主要以铜币为主，金、玉、银、锡、布帛和贝币使用相对较少，不同区域可以自由地铸造货币。

到了战国中期，人们开始使用黄金铸造金币，自此，南北方各个地区都开始大量使用金币交易，其中金钣和金饼是金币的两种主要形态。因此，春秋战国时期的货币主要是铜币和金币。细细分来，又可以概括为四个货币体系。

一是布钱体系。布钱源自一种叫"镈"的锄草农具，是取自"镈"的谐音。布钱最初现于两周、三晋和郑卫等农业区，也就是如今的河南、山西和河北等地。布钱随着时代发展而慢慢演变，主要经历了四个阶段。

布钱的第一个阶段是原始布，它出现于殷商后期和西周初期。原始布因为形状像农具铲子，故而又名大铲布。原始布不仅是我国最早

第七章 春秋战国时期的经济

的货币之一,更是金属铸币的前身。布钱的第二个阶段是空首布。空首布也称铲布,可追溯到西周晚期,春秋战国时期广为流传。它比原始布要小得多,在春秋时期重35克,到了战国晚期竟然轻至10克左右。空首布轻盈、便携,且制作精美。布钱的第三个阶段是平首布,也叫实首布。它的形状比空首布更加小巧轻薄,十分平整,大致上已脱离农具"镈"的原形了。平首布在战国中晚期盛行,此时的平首布约重5克,且种类繁多,主要有方肩方足平首布、尖肩尖足平首布、圆肩圆足平首布三种类型。布钱发展到第四阶段时称为三孔布。三孔布属于圆足布的一种,布首和两足各有一孔,所以叫三孔布。钱的背面有数字表示币值大小。大布为"一两",小布为"十二朱",这也是铢两币的开端。

二是刀币体系。春秋战国时期,在齐、燕、赵这些地区,也就是今天的山东、河北、内蒙古等地,刀是一种捕鱼工具,曾承担过一般等价物的角色,很长一段时间被用作交换媒介。这些地区的捕渔业和手工业十分发达,后来为了交易方便,渐渐地形成了刀币。当时刀币主要有齐刀、燕刀、尖首刀和直刀四种类型。齐刀,由于体形较大俗称为大刀,一般重约40克,由于是齐国铸造发行的,所以就有了齐刀这样的名称。燕刀,自然就是由燕国铸造发行的,在北方一带流通,又称为"明刀""易刀"。按照形状划分,燕刀可分成方折和圆折两种类型。尖首刀也是燕国铸造的,这种刀币体形比较大,整体较薄,刀柄很细,刀环小且扁,而且仅在刀背上刻有币值数字,没有纹饰,约重16克。而赵国铸造的叫作直刀,也被称为圆首刀和钝首刀,它的刀身比较平直,形状小且薄,约重10克。

三是圜钱体系。据《尔雅》《说文》等史籍记载,圜钱又称环钱,源自新石器时代的纺轮和珠玉。《管子》中曾提到,古时人们把环状的珠玉当作一种上等的币，正是这种环状的珠玉对圜钱的出现起着很大的作用。圜钱在西周时期就已存在，随后渐渐渗入刀币区和布钱区。战国末期，除楚国外的其他许多国家都开始铸造圜钱。于是，圜钱渐渐地取代了刀币的地位。圜钱的形状为扁平圆形，在其中心有穿孔。圜钱有各种大小，不同地区的环钱有各自不同的特征和使用习惯，主要可以分成布钱区圜钱、刀币区圜钱和秦圜钱三种类型。

布钱区圜钱重约10克，主要流通于周、韩、魏等地区。由圆孔逐步发展成方孔，许多钱文上面都印有地名，如垣、共、东周、周化等，其中垣、共这两种钱币是圜钱中最早的。刀币区圜钱的形状为圆形方孔，这类钱币一般流通于齐国、燕国、赵国等地，又称东方系圜钱。秦圜钱的形状为圆形圆孔，它和布钱区圜钱统称为西方系圜钱，其中上面有"重十二铢"字样的秦圜钱就是秦半两钱的先驱了。

四是楚币体系。楚国有自己的一套货币体系，由楚国人自己铸造使用的货币总称楚币，它包括爰金、楚铜贝、楚布三种类型。

爰金又称楚金钣、印子金、金钣，人们俗称其为金饼、饼金。爰在此处是一个表示重量的名称。爰金是一种称量货币，是楚国法定的货币。它的形状为扁平块状，块上有一些方形的钤印，此外也有圆形印。钤印的重量各不相同，最重的大约30克，最轻的仅有4—5克。一般来说，每印差不多在14—17克的范围内。既然它叫爰金，那么它到底含不含金呢？其实，爰金的含金量可达九成以上。

楚铜贝，还有一个有趣的名字叫作"蚁鼻钱"。它是一种由青铜制作的仿制贝，形状有些像被磨平的贝壳背面。由于钱面上刻有多种外形奇特的文字，所以也被称为"鬼脸钱"或"鬼头钱"。早期的楚铜贝重约5—6克，后来重量减轻到2.5克左右，甚至还有0.5克的。受北方地区的影响，楚国晚期又铸造了一种异形布币，这种布币就是楚布。

第七章　春秋战国时期的经济

楚布形状细长，币面上有"殊布当忻"的字样，另一面刻着"十货"二字，就是说一个楚布等于十个蚁鼻钱。

纵观这些货币的发展，几乎都是由繁到简，由重到轻。因为春秋战国时期的工商业发展较快，商业往来日益密切，小巧便携的货币成为人们最大的需要。战国时期的货币大都趋向圆形化，较之前更为轻盈了。春秋战国时期各地区产生的货币其实都是当时社会发展的产物。比如，布钱反映了当时农业的发展状况，刀币和当时的渔猎有着密切的关系，圜钱则和当时的手工业有关。

商鞅和韩非等人把货币政策作为富国强兵的重要武器，这些实用的货币政策在相关历史文献中都有记载，并且推动了中华货币文化的发展。

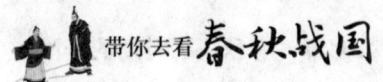

2. 齐国的强大，离不开管仲的经济政策

一提起齐鲁文化，第一个想到的就是以孔子为代表的儒家文化。但人们忽略了齐鲁文化的另一个重要组成部分，那就是产生于2600多年前春秋战国时期齐国名相管仲的经济思想。

管仲是春秋时期辅佐齐桓公执政的名相，也正是因为管仲懂经济，提出了很多好的政策，才能使齐国变得富强，也使齐桓公成为春秋时期的第一个霸主。管仲到底提出了什么经世致用的经济政策呢？到底与我们现在常听说的经济政策有什么相同之处呢？接下来就依次来介绍管仲的这些经济政策。

先来说盐铁国有化。可以这么说，齐国之所以富强，就在于资产国有化与垄断经营。当时，齐桓公打算对房屋楼台、树木、牲畜和人口征税，与管仲探讨后，管仲把这些一一否决了，并提出："唯官山海为可耳。"所谓"官海"是指政府规定盐铁归国家所有，由国家经营，监督民间生产，并设置盐官统一收购、运输和销售。"官山"与"官海"类似，就是将开矿的权力收归国有，但让百姓承包，利润按照三七比例分配。这种方式非常有效地帮助齐国国君聚敛了财富，而且

第七章 春秋战国时期的经济

与征税相比，更隐性一些，不易激起民众的反感，是一种非常高明的国家财政方式，对后世产生了深远的影响，因此后世将管仲称为"盐宗"。

齐国之所以发达，还在于其手工业的发达。这主要是得益于管仲提出的专业分工制度。管仲将齐国人划分为士、农、工、商四类，要求这四类人分区集中居住，各自沿袭属于自己的职能，不能自由迁徙。这在现在看来虽然有些不太人道，但在当时却属于十分先进的思想。因为分工之后可以使各自的工作效率得到很大的提升，职能世袭能够增加经验，而且同一行业的人们聚集在一起，可以相互交流经验和想法，共同提升技术。因此，当时齐国临淄产生了最早的丝织中心，制作的丝织品不仅供国内使用，还畅销其他国家。而且管仲还特别注意贫富差距问题，为了不让贫富差距过大，特意规定富豪之家不能从事手工业和种菜之类的工作，以确保这类工作者有稳定的收入来源。

管仲还特别重视对外贸易以及商业流通，齐国可以说是最早对外开放的诸侯国。管仲提出了很多吸引外商的政策，比如"征于关者，勿征于市；征于市者，勿征于关"，是指征收了关税，就不在市场上再征税；在市场上征税，就不在关卡处征税，这就是说不重复征税。不仅不重复征税，管仲提出的税率也很低，一般只有1%~2%，在有的时期甚至直接免税。如此优待外商，外商自然非常乐意前来做贸易，于是也就带动了经济发展和繁荣。

管仲还认为，修建亭台楼阁是调整经济的一项对策。如果不修建这些建筑，很多木材就没有销路。他甚至还提出，鸡蛋在吃之前要在蛋壳上画上精美的图案，木材在烧之前要雕刻成精美的艺术品。大家猛一听会觉得，这不是浪费人们的精力吗？可是这与现代的雕刻艺术太相似了。大家可能见过很多五花八门的花式烹饪，非常绚丽，造型多样，花费了厨师很多精力，但最后不还是被吃了吗？但这种方式不仅让消费者有美感，享受到更精致的服务，也为服务人员增加了收入。那时也是如此。

最后要说到的一点是，管仲在那时也已经会运用宏观调控了。这里有一个生动的例子来说明。某一年，齐国西部发生了涝灾，粮食大面积歉收，发生饥荒，粮价大幅度上涨，每釜高达百钱。而东部风调雨顺，粮食丰收，价格很便宜，每釜只有十钱。为了调整两地的粮价，管仲提出，向全国各地征收三十钱的税，但必须用当地的粮食来缴税。这样一来，东部要缴纳三釜的粮食，而西部只缴纳半釜，东部的粮食就大量集中到政府手里，政府再低价分给西部。于是，东部因为粮食减少，粮价上涨，使粮食生产者，也就是农民没有遭受谷贱伤农之苦；而西部的人民又因为国家的低价粮食不至于忍饥挨饿。可以很清楚地看出来，这就是一种政府管制下的经济模式。看来管仲确实是一个经济学家，他深知价格调节资源配置的原理，巧妙地利用价格完成了一项关乎齐国社稷的经济大事。

除了在发展经济时提出的政策，管仲还很有先见之明地提出了自然环境保护的政策。当时生产力那么落后，管仲在发展经济的同时还不忘保护环境，果然是一代名相，眼光十分深远。自然环境中是蕴含了丰富的资源，这为农业、渔业和手工业发展提供了物质基础，但当时存在很多竭泽而渔的不良经济开发模式，为了保护环境，管仲提出"山泽各致其时"的自然经济思想。也就是说，人们在砍伐树木和捕鱼时，一定要在适当的季节进行，不能滥砍滥伐树木，滥捕鱼类资源，

第七章 春秋战国时期的经济

以此来保护树木和水泽鱼类的正常生长。

虽然管仲的某些经济措施有其历史局限性,但从整体上来看,管仲的经济思想是十分超前的,孔子也感慨发表过:"微管仲,吾其披发左衽矣"的赞叹。

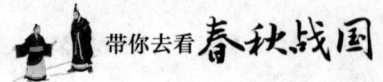

3. 管仲的经济贸易战

  春秋战国时期是我国古代文化发展的繁荣时期，各诸侯国纷纷崛起。前期由于齐、晋、秦、楚等国不断进行改革，发展生产力，因此在当时崭露头角，后期吴、越等国也改革经济发展方式，不断地崛起，到战国初年，逐渐形成七国并立的形势。春秋战国时期随着社会经济的演变，经济管理思想也随之发生了变化。在当时诸侯纷争、战火不断的情况下，管仲大打贸易战，以达到削弱他国经济实力的目的。

  首先，管仲认为要掌握经济的主动权。这需要把发展经济放在首要位置。只有自身的经济实力壮大起来，才能实现富国强兵，在与其他诸侯国的竞争中立于不败之地。其次，还要把重要的物资掌握在自己手里。春秋战国时期最重要的物资就是谷物了。对于这一类的东西，不能盲目地出口，自己一定要适量地储存。只有掌握了重要物资，才能不受制于人。最后，还要重视对人才的任用和保留。管仲的经济思想，其主要目的就是"致天下之民"，也就是说把天下所有人都看作人才，不仅要任用本国的人才，同时也要想办法吸引他国的优秀人才。

  管仲在贸易战方面有许多著名的事件，其中最具代表性的就是衡山之谋、买鹿皮降代国和买鹿制楚了。

第七章 春秋战国时期的经济

"衡山之谋"讲的是齐桓公向管子讨教如何打败衡山国。管子给出了自己的建议，他建议齐桓公派人向衡山国以极高的价格买入械器，再倒手卖出去，到时燕国也会像齐国这样做，等秦国和赵国知道这件事以后，一定也会这样做。这样一来，各国都争着买械器，械器的价格肯定会上涨十倍。齐桓公认可了管仲的建议，立刻派人前往衡山国，以极高的价格收购械器，燕国、秦国和赵国闻风之后，果然向齐国看齐，都跟着购买了。衡山国国君一看这样的架势，就对相国说："咱们看样子快发财了，应该赶紧把械器的价格提高十倍。"全国的老百姓知道械器的价格很高以后，都在这上面加大投资，花了很多钱生产械器。接下来管仲还让齐桓公派隰朋前往赵国购买粮食，只用十五钱买入，在国内倒手卖的时候把价格提高到五十钱。其他诸侯国的人看到后，纷纷来到齐国卖粮食。过了一段时间，齐国主动断绝和衡山国的外交，不再和衡山国交往。其他诸侯国看到后也像齐国一样，陆续与衡山国断绝来往。后来，鲁国向衡山国发动进攻，占领其南部，齐国发动进攻，占领其北部。衡山国想反抗，无奈国内缺少械器和粮食，只好放弃抵抗，投降了。自此，齐国的实力大为增强。

和"衡山之谋"相似的还有"买狐皮降代国"。据说当时代国盛产狐皮，管仲灵机一动，从中看到了商机，于是劝齐桓公派人前往代国高价收购狐皮。代国人听说后，便每日都去山林之中捉狐狸，然而狐狸的数量毕竟是有限的，一年到头也捉不到一两只。结果代国人不但没能得到狐皮，由于人们都去抓狐狸忽视了种植业，导致国内闹起了饥荒。在这种情况下，北方的离枝国乘虚而入，不断地侵扰代国，代国国王在万般无奈下，只好向齐国投降，管仲的这种经济策略使得齐国一兵未动就征服了代国。

经过衡山之谋、买狐皮降代国等事后，齐桓公已经初成霸业，崭露头角。不过，当时南方的楚国还时常挑衅，制造事端。齐桓公打算出兵镇压，却又担心无法打胜仗。于是管仲给他出了个主意。管仲说："如果您恨他，就用重金买下他的鹿吧！"齐桓公虽然不太明白什么意思，不过还是照做了，他派中大夫王邑带了二千万钱去楚国大肆收购鹿。起初，楚王并没有同意，因为他知道对国家来说金钱是最重要的，而不是鹿这样的动物。齐国不惜花重金来求取鹿，这里边一定有很大的阴谋。不过，楚王始终处于困惑的状态，不明白到底是什么阴谋，于是就派人四处打听。然而管仲也很精明，提前收买了一些人制造社会舆论，四处散播"齐国人买鹿"的消息。楚王就打听到了这样的消息：齐桓公想要建造猎场，猎场中有各种各样的飞禽走兽和猎物，却唯独缺少鹿。为此，齐国的后宫佳丽冬装里就缺少了鹿皮手套和鹿皮靴子。楚王听后认为齐王大肆购买鹿是为了取悦后宫的那些美人，就这样，渐渐放松了警惕。

　　管仲的下一步计划是向楚王表示自己的诚心，于是他讨好楚国的商人："如果你能给我弄来二十头活鹿，我就赏赐你百两黄金，若是弄来二百头活鹿，我就支付给你千两黄金！"管仲甚至当场就交了定金。这一次，楚王完全放下了戒心，相信了齐国花费重金买鹿只是为了迎合齐桓公的个人喜好。于是，楚王还鼓励百姓都去捕捉活鹿，好卖给齐国换钱。老百姓们自然十分相信楚王了，心想既然国君让我们这么做，又能赚钱，何乐而不为呢？于是，百姓们纷纷放下自己手中的活儿，离开了自己的农场和田地，四处转悠去捉活鹿了。在这种情形下，楚国自然是鹿价飞涨而粮价暴跌。与此同时，管仲让大臣悄悄地在齐、楚两国的民间市场上收购并囤积粮食。就这样，楚国靠卖活鹿赚的钱比以前多了五倍，齐国收购和囤积的粮食也比以前多了五倍。

　　一年之后，管仲得意地对齐桓公说："楚国很快就要不战而乱了。"

齐桓公一脸疑惑地问:"这是为什么呢?"管仲回答:"楚国如今虽然拥有比以前多五倍的货币,但是他们的粮食几乎都被我们收购了。现在我们只要关闭边境,让他们的货币花不出去,买不到粮食,他们岂不是要乱套了吗?"齐桓公恍然大悟,于是下令立即闭关自守。可想而知,楚国的粮食价格疯涨,楚王用大量钱财派人四处买米,可是有什么用呢?粮食都被齐国垄断了。于是,许多饥饿的楚国人都逃到了齐国。楚国人口在短时间内几乎少了一半,元气大伤。三年后,楚国终于向齐国求和,承认了齐国的霸主地位。从此以后,齐桓公也成为"春秋首霸"。

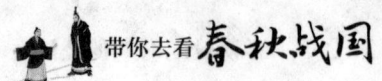

4. 别看春秋战国那么乱,商业发展不含糊

  春秋战国时期,不仅出现了铁力牛耕,冶铁技术也获得了巨大进步,学术思想有了较大的发展,还出现了儒家、墨家、法家、道家、纵横家、杂家等各个学派,同时也迎来了商业发展的第一个高峰。工商食官是当时的一种手工业制度,手工业者和商人都是官府的奴隶。他们必须按照官府的规定和要求从事生产和贸易,地位非常低。这一时期的生产力迅速发展,促进了商业的繁荣。商业发展渐渐打破了官府垄断的局面。工商食官制度渐渐瓦解,各地区出现了许多商品市场和著名的大都会。

  春秋战国时期是奴隶社会向封建社会过渡的时期,土地私有制渐渐产生,因此工商业也摆脱了奴隶制的束缚,开始朝着私营经济发展,出现了个体手工业者,商人的地位渐渐有所提高,这极大地促进了商业的发展。这一时期商业的发展主要表现在金属货币广泛流通、商业都市繁荣发展、交通日益改善、富商大贾出现等方面。

  春秋战国时期商业发展的表现:一是金属货币的广泛流通。随着商业的迅猛发展,这一时期的商品交易量不断扩大。为了使交易更加便捷,于是货币就产生了。空首布是中国历史上最早的金属货币,它

第七章 春秋战国时期的经济

的产生意味着这一时期工商领域已经摆脱了官府的束缚,可以自由地发展。商品经济的发展使各国都开始纷纷铸造货币。这些货币的形状、大小和重量不尽相同,一般来说有铜布币、铜刀币、铜圆钱和铜贝币等四种类型的货币。这些货币是可以在各诸侯国之间互相流通的,也是各国商业密切往来的一个体现。到了战国末期,在某些地区,货币甚至已经呈现出统一的趋势。比如在北方,使用圜钱的地区越来越多了。除了铜币之外,战国时期也使用黄金作为货币。因为黄金的价值很高,所以在交易中务必要保证称量的准确,因此就产生了天平和砝码。

二是商业都市的繁荣发展。商品交易的扩大必然促进都市的发展,春秋战国时期就出现了许多商业城市,其中最大的商业城市通常是各诸侯国的国都。除此之外,一些地方还将那些物产丰富的地区作为商品的集散地,比如东周的都城洛阳。这一时期的城市不仅在数量上有所增加,而且城市规模也有了扩大。由于城市工商业的高度发展,这一时期的都市十分繁华,还经常举办各种各样的娱乐消遣活动,比如鼓瑟弹琴、斗鸡走狗、六博等。城里的市场也日益增加,手工业作坊兴起。此时的城市同时集政治功能和经济功能于一体。

三是交通设施的不断完善,发达的水陆交通促进了中原与边远地区的贩运贸易。出于各诸侯国和不同地区之间商品交换的需要,当时的交通工具有了明显改进,其中造船技术已经达到了非常高的水平。长江和岷江一代的船舫甚至可以载运数十人和足够几个月吃的粮食。与此同时,制造车辆的技术也有了很大的改进。秦国还修建了架在空中的栈道,从而解决了从汉中到蜀地交通上的困难。除此之外,秦国还在黄河上架了一座浮桥,沟通了河西和河东的交通。中原地区的陆路交通也获得了发展,比如当时的"午道"。午道是指当时魏国、赵国、齐国等国之间许多交错的交通大道。一纵一横交错，称为"午"。另外，在三晋地区也有许多的道路可以沟通太行山两侧的地区。在楚国还有一条通向中原的大道称作"夏路"。魏国的干道上更是车水马龙。交通的发展使得各地区之间的经济联系更加密切。

四是官商大贾的出现。商业发展，贸易兴盛，自然少不了发财的人，因此春秋战国时期也有很多富商大贾。这些富商有的垄断一方市场，有的从事远程贸易。他们都十分聪明能干，常把政治经验运用到经商中。通常他们既做官又经商，可以说是官商一体，其中比较有代表性的人物就是子贡、范蠡和吕不韦。

子贡是卫国人，也是孔子的学生，他曾先后在鲁国和卫国做官。子贡很有经商头脑，司马迁曾评价他善于看准时机，从中进行买卖获利。孔子也曾夸赞他总是能猜中行情。因为子贡是孔子的弟子，作为一个有名的士阶层，能够和官宦们一起参与经商，这在一定程度上使得私商的地位得到提高。范蠡是楚国的大夫，他在功成名就后选择了隐退，开始经商，他提出了许多著名的经商策略。和子贡一样，范蠡也十分善于把握时机，利用商业规律。比如他提出的三八价格的思想，使国家获得了稳定的财政收入，此外还有薄利多销等经营理论。吕不韦是在濮阳做珠宝生意的一个大商人，他也十分擅长政治投机，曾帮助秦庄襄王登上王位，因而获得了财富和名望。

春秋战国时期的商业能获得较快发展，是许多因素促成的，比如，社会生产力的不断发展为商业发展提供了大量可供流通的商品；铁器作为生产工具，极大地提高了生产者耕种时的生产能力，因此当时的社会生产力有了较快发展；各个诸侯国的分散产生了区域性的国家，这在一定程度上阻断了整个社会的自由联系，无形中增加了商品在流通中的价值；各国的统治者为了增加国家的财政收入，纷纷支持商业的发展。这些因素都对商业的发展起着十分重要的推动作用。

　　受自给自足的小农经济思想的影响，古代中国商业的发展始终受到一定限制。所以春秋战国时期商业能获得如此发展，已经很不错了，这为后世商业的发展奠定了基础。

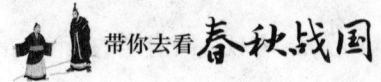

5. 商业大发展，富商层出不穷

春秋战国时期，随着铁具的发明和使用，生产力得到极大的提高。这一时期的社会渐渐有了明确的分工，城乡对立的局面也有所扩大。无论是学术思想，还是生产工具都有了很大程度的发展，交通运输业的发展也使得全国各地的联系日益密切。商业得到了空前的发展后，涌现出许许多多的富商，其中最有名的富商就是春秋末期的范蠡和战国时期的吕不韦了。

范蠡是春秋时期楚国人，是当时有名的政治家、军事家、经济学家，可以说是个相当了不起的人物。范蠡是如何成为一名富商的呢？作为中国早期的商业理论家，范蠡的出身其实并不是有多高贵，但他的才华着实显著。范蠡对当时楚国黑暗的政治，只有贵族才能入仕做官的规定非常不满，于是和他的好友文种一起投奔到越国，辅佐越王勾践。经过十年的辅佐，他们终于帮助越王完成了复国大业。然而功高震主，范蠡正是知晓这一道理，他了解越王可以与他共苦，却不能同甘，所以他明智地选择了避世隐居。这也是他的第一次"退"。

退隐后，范蠡带着儿子和门徒到了齐国，在海边结庐而居，开始过上了农耕生活，此外还将经商当成副业。由于他不凡的见识和商业

第七章 春秋战国时期的经济

头脑，不过几年的时光就家财万贯了。并且范蠡不像其他富商那么吝啬，他有一颗慈善之心，乐善好施，总是接济乡里的穷苦人。由于他的贤明能干，齐王把他请进国都临淄，封他为相国，请他主持政事。范蠡很有觉悟，他明白自己从一介草民能位居如此高位，并久享尊名，怕是容易乐极生悲，于是他再一次急流勇退，辞去丞相一职，并把自己的财物一散而尽，分给乡人和朋友。第二次退隐后，范蠡辗转迁徙到了陶地。陶地的地理位置优越，道路四通八达，可以说居于"天下之中"了，如此好的地理位置为经商提供了极大的便利。转眼间，范蠡又变得十分富有，自号陶朱公。当地民众还把他尊为活财神。范蠡如此善于经商，自然有他独创的经商思想。

首先，范蠡善于把握时机，能够恰如其分地利用好商业规律。他提出经商的"待乏原则"，实际上是要求经营者看准时机，在机会来临前做好万全的准备。其次，他认为还要了解货物的供需情况，知道什么时候需要何种货物，才能明白货物的价值。除此之外，范蠡还有自己的一套销售理论，他会在商品价格涨到最高点时，赶快卖出。因为他知道物极必反的道理。同样，当商品价格跌到最低点时，他再大批买进，如此便可从中获利。范蠡还提出了"三八价格"的思想。这种措施可以使农民和商人都能获利，从而使国家有着稳定的财政收入。同时他还提出积蓄理论，建议商人有选择地囤积商品，要提前备下别人没有的或想不到的货物，从而在市场上占据优势。诸如此类的经商思想还有薄利多销，如今的商人也大多通晓这个道理，并在经商中广泛应用。秦朝的宰相李斯曾评价范蠡："忠以为国，智以保身。商以致富，成名天下。"所以范蠡还有"商圣"的美名。

吕不韦是战国时期卫国人，是当时著名的商人、政治家和思想家。他后来成为秦国丞相，辅佐秦庄襄王，庄襄王去世后，吕不韦接着扶持年幼的新王并享有"仲父"的称呼，权倾天下。他还主持编纂了《吕氏春秋》，其中记载了先秦各家的学说。在秦兼并六国的历史中，吕不韦起着至关重要的作用。后来嫪毐集团叛乱，他也因此受到牵连被罢官，不久后吕不韦饮鸩自尽。吕不韦是个有争议的人物，人们对他有各种各样的评价。且不说别的，就来说说他为什么能成为一名富商。

关于吕不韦，"奇货可居"的成语就出自他。一次，吕不韦前往邯郸做生意。一个气度不凡的年轻人吸引了他的目光。后来他才知道，这个年轻人是秦昭王的孙子，名叫异人，正在赵国当人质。当时正处于秦赵两国交战的频繁期，赵国苛待异人，让他吃不饱也穿不暖。吕不韦了解到此事后，从中看到了机会，他便忍不住自言自语地说："此奇货可居也。"也就是说，他要把异人当成一件珍宝贮藏起来，然后等待时机用他换个好价钱。吕不韦回去后问他父亲："农民辛苦农耕能获多少利润？"他的父亲说："可以获得十倍的利润。"吕不韦又问："那商人贩卖珠宝呢？"他的父亲又回答说："可以获得百倍的利润。"吕不韦接着问道："若是扶植一个不得志的人做国君，让他功成名就，又会获利多少呢？"他的父亲一脸疑惑地说："那自然是有无数的好处。"吕不韦听后会心一笑，决定在异人身上投资。他先是花重金买通监视异人的赵国官员，接近异人后对他说："我看你气度不凡，定能成大事，我设法让秦国把你赎回去，立你为太子，随后做秦国未来的国君。你愿意吗？"异人十分欣喜地说："我求之不得呢，事成之后我一定厚待你。"

于是，吕不韦立即来到秦国，再次花费重金贿赂安国君的亲信，煽动他把异人赎回秦国。当吕不韦知道安国君最宠爱的华阳夫人没有儿子后，便给华阳夫人送去大量罕见的宝物，劝说她收异人为嗣子。秦昭王死后，安国君即位，自然要立异人为太子。因为异人现在可是他最宠爱的夫人的儿子。没过多久,安国君也去世了,太子异人即位为王,也就是秦庄襄王。秦庄襄王感念吕不韦的尽心扶持,于是就让吕不韦做丞相,封他为文信侯,并赐给他众多封地,还让他享有很高的俸禄。显然,吕不韦投资异人果然没错,这带给他巨大的收益。

综观这两位富商的成功,给人们留下的启示就是要知进退、侠义慷慨、善用灵活的头脑和敏锐的洞察力。

第八章

教育与医疗，不可不说的人生大事

导语

　　春秋战国时期名医很多，最出名的当属扁鹊了，想不想详细地了解他的故事呢？当时各家学派思想争鸣斗艳，一派欣欣向荣的景象。这其中，教育思想十分活跃，对各国的文化、政治和经济发展都起到了十分有益的帮助。

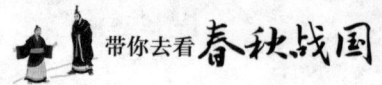

1. 春秋战国时期最知名的医生——扁鹊

扁鹊是春秋战国时期的一位名医，本是齐国卢地之人，因此也被称为"卢医"。扁鹊并不是他的真名，而是人们赠予他的称号。扁鹊的真名叫秦越人，只是由于他医德高尚，医术高明，看好了很多人的病，人们非常感激他，于是就把上古神医扁鹊的名号赠给了他。古代时，"鹊"多指喜鹊的意思，因此送他这个称号，也有称赞好医师能够带来好消息的意思。

扁鹊最早从事的还不是医生这个职业，而是在一家客馆当看门人，而且一干就是十几年。传说在他当看门人时，有一个叫长桑的旅人，经常在客馆住。长桑君是个老巫医，因为年龄大了，可能穿得也不太好，所以很多人看不起他。扁鹊却是个例外，他认为长桑君是个奇人，因此对长桑君特别礼貌，非常恭敬，慢慢地，长桑君也觉得扁鹊这个小伙子品性不错。一天，长桑君叫扁鹊和自己坐在一起，悄悄地告诉扁鹊一个秘密。他说自己有个医学秘方，现在年纪大了，想把秘方传授给扁鹊，但要扁鹊答应不许随便泄露。扁鹊顺从地答应了长桑君后，长桑君这才从怀中拿出一种药给扁鹊，并告诉他要用草木上的露水送服这种药，这样等三十天后扁鹊就能知晓许多事情。接着又拿出全部

第八章 教育与医疗，不可不说的人生大事

秘方给了扁鹊。做完这一切后，他就消失不见了。

后来扁鹊潜心学习，他的医术也就越来越高明，等扁鹊的医术达到一定程度后，他就把自己原来客馆看门的工作给辞了，开始游走列国，给诸侯国的老百姓看病。从那个时候开始，扁鹊的名声就逐渐传遍天下了。当然，这个故事在传播过程中已经有了几分神秘色彩和神话色彩，但这也说明了扁鹊的医术的确十分高超。

说到扁鹊，人们只知道他是一个神医，但对于他都看过什么病恐怕知道的就很少了。扁鹊看病很有特点，他治病的范围随着当地的情况而变化。比如他在赵国的时候，看到妇女得妇科病的较多，于是他就主攻妇科病，也就在这一时期，他就被人尊称为扁鹊了。后来扁鹊在东周的都城洛阳时，周人又特别遵循古礼，注重尊重老人，因此扁鹊又转为给老年人看各种老年病。等扁鹊到了秦都咸阳之后，发现秦国人都疼孩子，所以他又努力成了儿科专家。

关于扁鹊，最有名的故事便是"扁鹊见蔡桓公"。扁鹊看病看得非常好，很多人都特别尊重他，他的名声也非常响亮了。但是当扁鹊到蔡国后，蔡国的蔡桓公并没有给扁鹊好脸色看。有一次蔡桓公宴请扁鹊吃饭，扁鹊见了蔡桓公之后，当即脸色大变，他对蔡桓公直言不讳，说其患有疾病，已经达到表皮了，要抓紧治疗。蔡桓公一听，当场就不高兴了，他说自己没病。扁鹊就暂时退下去了。蔡桓公评价此事时说道："他们医生就是喜欢给没病的人治病，以此当作自己的功劳。"十天以后，扁鹊再次见到蔡桓公，说他的病已经进入肌肤了，不治恐怕会继续加重，但蔡桓公依旧不听，又把扁鹊训斥走了。后来扁鹊一次次地劝蔡桓公，蔡桓公从不把他的话放在心上，一直不理不睬的。

直到有一次，扁鹊远远地看见蔡桓公便直接离开了。这下可把蔡桓公郁闷坏了，赶紧派人去把扁鹊追回来，问他到底怎么回事。扁鹊

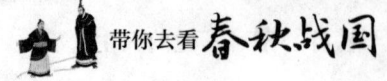

对前来的随从解释道:"病在表皮,用布包热药敷一敷就好了;病在肌肤,用针灸扎一扎就好了;即使病在肠胃,我开一些汤药,也能把人救回来。但蔡桓公现在都已经病入骨髓了,就是掌管生命的神对他也无可奈何,我也无力回天了。"五天以后,蔡桓公果然感觉身体疼痛,倒在榻上一病不起,于是赶忙派人去请扁鹊,但扁鹊这时候早已逃到秦国去了。蔡桓公不久就死掉了。

从扁鹊给蔡桓公治病的故事中我们可以知道,扁鹊这个时候就已经非常重视疾病的预防了。当病还在表皮时,就应当及时医治,以防病情发展成为要命的祸害。这个故事同时告诉人们一个道理,那就是要防微杜渐,在病情刚刚显露苗头时就要及时治疗,千万不可讳疾忌医。

扁鹊医术高超,名声流传很广,不仅如此,他还有两个医术同样十分高超的哥哥,但他们没有什么名气。有一次,扁鹊去见魏王。魏王就刻意问他三兄弟当中,谁的医术最好。扁鹊答道:"长兄最好,中兄次之,我最差。"那这就奇怪了,为什么扁鹊两个医术更好的哥哥却如此默默无闻呢?扁鹊跟魏王解释道:"病情发作之前,我长兄就已经把病治好了,所以他的厉害只有我们家里的人才知道。而中兄治病,是治病于病情初起之时,一般人以为他只能治治轻微的小病,所以他的名气只及于本乡里。而我扁鹊治病,是治病于病情严重之时,人已经生命垂危的时候才出手,一般人都看到我在经脉上穿针管来放血、在皮肤上敷药等大手术,所以以为我的医术高明,名气因此响遍全国。"

扁鹊的很多故事因为距今年代久远,染上了神话的神秘色彩,目前已经无法考证。虽然无法确定扁鹊的故事中有哪些是真,哪些是假,但也可以从中了解到古人的一些医学观点,比如预防疾病,治病应越

第八章 教育与医疗，不可不说的人生大事

早越好。

　　扁鹊的贡献还在于他奠定了中医发展的基础。扁鹊是中国传统医学的鼻祖，中医理论的奠基人。他善于运用"望、闻、问、切"四种诊断方法，尤其是脉诊和望诊。他精于内、外、妇、儿、五官等科，善于应用砭刺、针灸、按摩、汤液、热熨等方法治疗疾病，因此被尊为医祖。

　　扁鹊年轻时虚心好学，刻苦钻研医术。他把积累的医疗经验，用于为平民百姓治病，周游列国，到各地行医，为民解除痛苦，真正地实现了古代医师"悬壶济世"的人生理想。

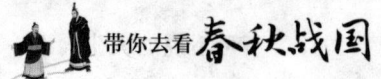

2. 春秋战国时期的医学发展

春秋战国时期生产力发展迅速，随着经济与社会形态都发生了剧烈变动，学术思想空前活跃，出现了百家争鸣的局面。这一时期不仅是经济、政治和社会思想、科学技术发展的重要时期，更是我国古代医学史上极为重要的时期，为整个封建社会的中医学的发展奠定了基础。和上古社会相比，春秋战国时期的医学摆脱了巫神的束缚，无论是在临床治疗经验上，还是在理论知识总结、医学分科和专业医生的出现等方面，都取得了显著的进步，发生了质的飞跃，甚至涌现出许多著名的专业医生，除家喻户晓的扁鹊外，还有医缓、医和、医响、文挚。

医缓是春秋时期秦国人。据《左传》记载，晋国国君景公有一次生病了，先叫桑困巫给他治疗。桑困巫通过占卜的方式认定，景公的病是由晋国大夫赵同和赵括的鬼魂作祟引起的，因为他们都是被晋景公杀害的。可想而知，这种方法没什么用处，晋景公的病并没有减轻。后来他听说秦国有良医，就派人请来了医缓到晋国给他治病。医缓诊断之后直接说道"这种疾病已经无法医治了"。因为疾病已发展到晚期，就是神仙在世也治不好了。医缓用"在肓之上，膏之下"来形容

第八章 教育与医疗,不可不说的人生大事

其病情之严重,这就是"病入膏肓"这一成语典故的由来。

医和也是春秋时期秦国人。据《左传》记载,鲁昭公元年,晋平公姬彪身患重疾,也向秦国求医,于是当时的秦景公嬴后就派医和前去诊治。医和诊病后说:"平公的病是因为沉迷女色,怕是不能治好了。"平公问道:"难道非得禁绝情欲吗?"医和回答道:"可以是可以,只是必须要有节制和限度。"医和还对疾病的产生原因做了详细的解释,并针对平公的疾病和提问做了进一步的解释。

医䘽是战国时期秦国人。秦国张子的后背肿了,也是由医䘽治好的。从他所治疗的疾病来看,这些病都属于外科疾病,可见医䘽是一个医术高明的外科医生。

文挚是战国时期宋国人,据说他的医术也十分高明。据《吕氏春秋·至忠篇》记载,齐王生病后派遣身边的人前去请文挚。文挚看过齐王后,决定根据病情采用心理疗法治疗。他对太子说:"您父王的病不是不可以医治,只是要采用一些特殊的方法。"太子问:"什么方法呢?"文挚说:"要想办法让他生气,只有把他激怒到一定地步,病自然就会好起来的。"经过太子同意后,文挚答应,愿冒死为齐王治病。和太子约好治病的日期之后,文挚故意不守信用,失约了三次。这使得齐王很生气。不仅如此,每当文挚面见齐王时,总是不脱鞋就上他的床,还故意弄脏他的衣服,用很是傲慢的语气询问齐王的病情。齐王最后终于忍无可忍了,愤怒地与文挚争吵。就这样,文挚成功地激怒了齐王,在生气的过程中齐王的身体痊愈了,而文挚最后却被齐王烹死。

这些名医的出现是春秋战国时期医学迅速发展的关键因素。扁鹊的《禁方书》和传世的《黄帝内经》等,为后世提供了宝贵的医疗指导。在《黄帝内经》之前,还不曾有过关于人体脏腑形态的系统论述。

直到春秋时期,《黄帝内经》中对脏腑的认识有了明显的提升。《黄帝内经》中还涉及和脏腑经络气血相关的医学理论,为后世医学的发展奠定了基础。

春秋战国时期,医师已经积累了丰富的医疗经验,当时主要的医疗技术和方法有药敷、药浴、烟熏、蒸气熏、熨法、砭法、灸法、按摩、外科手术等。在这一时期,除了专业医生的大量涌现和宝贵著作及医疗技术和方法之外,人们还具有了预防疾病的意识。《山海经》是战国时期的一部地理学著作,除了描写山川河流及当地物产之外,也记载了各地出产的百余种药物,其中包括防蛊的8种药物和防疫的4种药物。当然,还有预防其他疾病的数十种药物,这些都能说明这一时期人们对疾病预防的重视。

3. 私学教育，打破阶层界限的教育改革

在西周以前，大多是贵族垄断教育，官府办学。然而，到了春秋时期，随着生产力的不断发展，贵族阶层的统治在一定程度上受到动摇。与此同时，周天子逐渐失去了"天下共主"的地位，士阶层渐渐崛起。当时士阶层虽然无权无势，却能成为一种强大的社会力量，甚至成了中国第一代知识分子和第一代教师群。于是，在民间兴起了私人讲学的教学活动，由此开启了中国古代私人办学的历史。私学在各地发展得很快，其中最著名的私学要数儒墨两家，在当时也被称为"显学"。此外，道家和法家的私学也比较有名。

孔子在其而立之年时就开始讲学了，他开创了儒家学派的第一所私学。作为孔子最早的学生，颜渊、季路等人经常在孔子外出讲学时紧随其左右。渐渐地，孔子在社会上小有名气，弟子也就越来越多。孔子的私学发展成了大规模的教学团体。

孔子开办私学的教学宗旨是"有教无类"，也就是说所有人都可以跟着他学习。从只有贵族才能受教育到普通百姓都可以读书识字，这一改变迎合了士阶层的兴起，也顺应了文化下移的历史趋势，这在中国古代教育史上具有重大的意义。

孔子推崇"学而优则仕"的观点。这一观点是说只有学得足够优秀，才具有做官的资格。"学而优则仕"的观念改变了世袭制的单一人才机制，在很大程度上打破了奴隶制传统，并且对以后两千多年的封建教育产生了深远的影响。孔子私学与墨家、法家私学的不同之处在于它以六艺作为教育的主要内容。此外，儒家学派的孟子和荀子开办的私学也十分有影响。

孟子的私学教育是为了使人们"明人伦"。他强调培养和激发人的内在潜能，发挥人天生的善性。孟子的私学理论对后世教育有着非常重要的意义，成了后世儒家教育的经典。

荀子是儒家思想的集大成者。荀子少年时就到战国时期有名的学府稷下学宫去学习，后来又在那里长期执教，成为最有资质和声望的老师。荀子曾经带着学生到秦国访问，晚年时又辗转来到楚国，当了兰陵令，不断地讲学著书。与孟子私学教育的主张相反，荀子把教育看作是后天学习、积累的过程。他主张"性恶论"。另外，荀子私学比较注重教授传统文化知识，因而对儒家经典有着很大的传播力度。荀子私学对学生要求很严格，而且教师有绝对权威，因此才得以培养出李斯、韩非这样的政治奇才。

和儒家私学并称为"显学"的墨家学派，在当时也有很多重要的思想理论和独特的见解。墨家学派的组成人员多为社会的底层人士，有些人直接从事生产劳动，因此墨家学派主要代表小生产者的利益。墨子是墨家学派的创始人，在世期间也是四处讲学，宣扬墨家主张，所到之处都有学生随行。墨子死后，墨家分成了相里氏、相夫氏和邓陵氏三派。墨家私学是个严格而有纪律的政治团体和学派。墨家私学规定，弟子可以去做官，但是绝对不能违背墨家"兼爱、非攻、尚贤"的宗旨，否则随时将学生召回。墨家私学对学生要求也十分严格，要

第八章 教育与医疗，不可不说的人生大事

求他们严于律己，要具有吃苦耐劳、服从、舍己为人的精神。

道家私学又可以分成两派，一派分布在齐国的稷下，称为稷下黄老学派，代表人物主要有宋钘、尹文、环渊等；另一派则以庄子为代表，不过这两派都继承了老子的思想。有人认为《道德经》这本书大概就是环渊在稷下讲学时完成的著作。在荀子、韩非等人的推动下，稷下黄老学派的学说随后开始向唯物论的方向发展，较以往相比产生了更为积极的意义。然而，以庄子为代表的道家学派认为教育对人性的发展起着阻碍作用，因此必须取消才好。总之，道家私学充满着神秘色彩，理解起来比较困难。

子夏对法家学派的产生起着至关重要的作用。他是孔子的徒弟，孔子死后，子夏到魏国西河讲学，门下的弟子众多，李悝、吴起、魏文侯等都是他的学生。而法家著名的代表人物商鞅，又是李悝的学生。商鞅和韩非都推举功利主义，反对道德观念束缚社会的发展。他们主张"以法为教"，这实际上是要取消学校教育制度，否定传统文化和诸子各家的学说。韩非没有认识到学校教育有其自身独特的社会功能，他们的理解和认识是非常片面的，而这也为此后秦王朝"焚书坑儒"种下了恶果。

春秋战国时期私学的发展是当时社会环境大背景下的必然结果，对中国古代教育的发展产生了深远、持久的影响。私学的兴起打破和冲击了"学在官府"的陈旧传统。学校教育不再只限制在宫廷内，而是移到了民间；教育对象也不再只针对贵族阶层，而是渐渐扩大到普通百姓；教学氛围也变得宽松和自由，教师可以随处讲学，学生也可以自由地选择老师；教学内容也更加贴近现实生活，和社会有了密切的联系。

各家各派在对立与争论中获得发展，相互抗衡又相互补充，出现

了百家争鸣的局面。这不仅使得先秦时期的学术思想得到发展，同时又为社会培养出了大批的人才。

春秋战国时期的私学对教育理论的完善和发展起到的作用最大。《学记》《大学》《中庸》论述了教育的作用、学制的体系和一些教学原则和方法等，成为世界上最早的教育著作，为中国古代教育理论的发展奠定了基础。

第八章 教育与医疗，不可不说的人生大事

4. 百家争鸣，各家学派争相留名

当提到"百家争鸣"的时候，人们都会自然而然地想到春秋战国时期。这一时期出现了各种学派，他们持有不同的思想，可以自由地表达自己的观点。那么，为什么当时能够形成百家争鸣的局面呢？有以下几方面的原因。首先，在社会大变革的背景下，原本处于最底层的士阶层获得了解放，他们不再依附贵族，成为一个独立的阶层；其次，激烈的兼并战争促进和加大了文化传播的力度，使得各种文化间得以传播和相互碰撞；再次，各个诸侯国之间的竞争造就了宽松的学术氛围，从而使得许多文人志士可以独立地进行创造性的学术研究；最后，周天子不再是"天下共主"，那些宫廷的文官渐渐奔走到各诸侯国，这在一定程度上推动了私学的兴起。这些因素综合在一起，就产生了"百家争鸣"的盛况。

这一时期涌现出许多宝贵的思想，甚至流传至今，对整个中国古代文化和政治格局产生了深远的影响。所谓"百家"，就是各个学派汇聚在一起，当时最有名的一些学派主要有儒家、墨家、道家、法家，其次是阴阳家、杂家、名家、纵横家、农家等。

儒家作为战国时期重要的学派之一，最主要的代表人物有孔子、

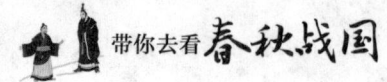

孟子、荀子。他们的经典著作是《论语》《孟子》《荀子》。其中,孔子可以说是儒家学派的开创者了。儒家学派提倡中庸之道,主张施行"仁政"和"以德治国",不仅重视道德伦理教育,还看重人的自身修养。儒家学派把教育看得至关重要,其中"有教无类"的教育思想打破了贵族垄断教育的局面,使得普通百姓们都可以受到教化。儒家还强调教育的社会功能,也就是说,教育除了开启民智、修养自身之外,还可以促进国家安定。一旦人民受到了教育,养成良好的品德,就少有作乱生事者,如此便可使国家安稳。

这么一看,儒家的学说实质上还是为当时的统治阶级服务的。此外,儒家学派在政治上的一些思想有以礼治国、以德服人等。战国时期,孟子和荀子又对儒家思想作了进一步的丰富和发展。

墨家学派的创始人是墨翟,《墨子》是他的代表作。这一学派最突出的观点就是"兼相爱,交相利"。也就是说,人们都要视人如己,爱人如己。墨家在政治上提倡"尚贤""尚同""非攻",也就是说尊重贤能人才,统一思想,不进攻,保持和平;在经济上主张节俭,不铺张浪费。此外,墨家还提出"非命"的主张,也就是说要依靠自身的力量谋事。在以上这些思想的指导下,墨家的弟子往往都能吃苦耐劳,且具有赴汤蹈火的精神和坚忍的意志。墨家还有着严密的组织,弟子多来自社会底层,他们各司其职,有着严格的纪律。墨翟死后,墨家分成三派,直到战国后期又合并成两派。其中一派注重一些学科的研究,如认识论、逻辑学、数学、光学、力学等;另一派渐渐发展成了秦汉社会的游侠。

道家的代表人物则是老子、庄子和列子,其主要著作有《道德经》《庄子》《列子》。这一学派试图用"道"解释宇宙万物的本质构成和变化,极其崇尚自然,认为世间万物都是自然的产物,即天道无为,万

第八章 教育与医疗，不可不说的人生大事

物自然生长，因此否认了"上帝鬼神主宰一切"的观点。道家的政治理想是小国寡民和无为而治。在老子之后，道家又分化为不同派别，其中最著名的有庄子学派、杨朱学派、宋尹学派和黄老学派。

法家是战国时期的另一重要学派，其思想在一定程度上可以说非常迎合统治者需要的。"法家"的名字正是因为主张"以法治国"才得来的。法家以韩非为代表，主要著作有《韩非子》。但韩非并不是创始人，其创始人是春秋时期的管仲、子产。后来，战国时期的李悝、商鞅、申不害、慎到等人又丰富了法家学派。战国末期，韩非分别综合了商鞅、慎到、申不害的"法、术、势"等思想，成为法家思想的集大成者。法家学派在经济上倡导废井田，鼓励重农抑商和奖励耕战；政治上要求废除分封制，以郡县制取而代之，主张君主专制，依靠严刑峻法来维护封建统治；思想教育方面，主张以法为教，以吏为师，摒弃其他学派的观点。总之，法家学派虽然有些极端和独裁，但是在当时战乱纷争不断的社会背景下无疑是有利于维护统治的。

接下来说到的杂家就很好理解了，顾名思义，就是什么学派的观点都有。杂家产生于战国末期，在内容上吸取了各家学派的某些观点综合而成。杂家的代表人物是秦相吕不韦，他命人编纂的《吕氏春秋》就是一部典型的杂家著作集。

说起名家，大家不要误以为是有名的学问家，之所以叫这个名字，是因为这一学派主要从事论辩名称、概念、事实等作为主要的学术活动。名家的代表人物有邓析、惠施、公孙龙和桓团，主要著作是《公孙龙子》。

纵横家的代表人是苏秦和张仪，但他们不是创始人，其创始人是鬼谷子，真名叫王诩。纵横家们主要从事游说诸侯的任务，是政治、外交活动的谋士。战国时南与北合为纵，西与东连为横。苏秦主张合

纵，而张仪则倡导连横六国，因此便有了纵横家之说。纵横家们对战国时期的政治、军事格局的演变发挥着重要作用。

农家的思想在当时影响力就不太大了。农家，顾名思义，就是因注重农业生产而得名。农家学派认为农业是一切工作的重心，应该把其放在首位去经营。

5. 孔子的教育之道

孔子是儒家学派的创始人，也是最有名的代表人物。孔子名丘，字仲尼，是春秋时期鲁国人。孔子被后世尊为"万世师表"，甚至还被称为"孔圣人"，那么他究竟做了哪些有意义的事而被后人如此推崇呢？

纵观孔子的一生，也不是一帆风顺的。孔子年轻时周游列国，在卫、陈、蔡、楚、宋等国都未能大展拳脚，施展自己的才能。郁郁不得志的孔子心灰意冷，最终又回到鲁国，那时候孔子已经68岁了。自此，他专心讲学和著书，和弟子重新撰写了《五经》和《春秋》，记载了春秋时期所发生的大事，向世人宣传儒家的价值理念。

孔子除了提出政治思想外，他还在教育领域作出了巨大的贡献，其先进和开明的教育理念，为后世奠定了教育的基础。贯穿孔子教育理念的核心教育思想就是"有教无类"和"因材施教"。孔子的这些启发式的教育方法和他开创性的独到见解在一定程度上促进了春秋战国时期"百家争鸣"这一文化盛况的形成。

孔子去世后，他的弟子将他的语录收集整理下来，编成《论语》一书。这本书几乎涵盖了孔子所有的教育思想，具有较高的价值，是儒

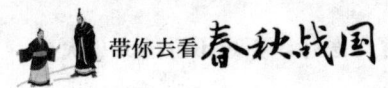

家学说的必读经典,并对后世的教育发展极具借鉴意义。

"有教无类"是指教育面前人人平等,每个人都有享受教育的权利。孔子并没有一味地空喊口号,他自身就是这样去做的,用平等的眼光去看待他的学生。孔子在收学生的时候不论其身份贵贱,也不论家世如何、财产多少。因此,孔子的学生中有各种身份和年龄的人。并且孔子并没有多教自己的儿子,而是将儿子和学生一视同仁,这再次印证了孔子的有教无类思想。更重要的是,孔子在教学过程中平等地与学生对话,像对待朋友一样与学生坦诚相待,深刻诠释了教育的情感支撑,营造了和谐的教学氛围。"有教无类"打破了贵族垄断教育的情形,使得普通百姓都有机会受教育。孔子的这种思想观点为后世教育大众化奠定了理论基础,开历史之先河,促进了中国教育的发展。

"因材施教"其实并不是孔子自己提出来的,而是由南宋理学家朱熹在概括孔子的教学经验时提出的。朱熹提到"夫子教人,各因其材",从这以后才有了"因材施教"。但是,孔子在教学实践中充分体现了他遵循这一教学原则。他始终针对学生的不同特点,从学生的实际出发。孔子之所以做到了这一点,与他对学生有深刻、准确、全面的了解是分不开的。孔子善于利用身边的各种机会观察、了解学生,从而知晓每个学生的特点,再根据他们不同的特点进行有区别的教育。这就是所谓的"因材施教"。此外,孔子对每一位学生所具有的才能特点、性格特征也了如指掌,并且把学生的性格特征概括为三种类型,即"狂者""中行""狷者"。也就是说,人大致有偏激、拘谨和介于二者之间的三种不同性格。

孔子的"因材施教"给了人们很大的启发:教育和教学必须从学生实际出发,实事求是,从而避免盲目性。此外,既要坚持共同目标,

第八章 教育与医疗，不可不说的人生大事

统一要求学生，同时又要善于发现和培养学生的特长，不搞一刀切。

在因材施教的同时，孔子也强调对学生进行全面教育，即主张培养"全才"，这对后世的教育发展也有很大的启发。

孔子还倡导"启发式教学法"，提出"不愤不启，不悱不发，举一隅不以三隅反，则不复也"。意思是说，在教给学生知识之前一定要先让学生自己认真地思考；如果已经思考了很久还是不明白，这个时候就可以去启发他；如果学生经过思考并且能明白个大概了，只是无法用适当的言辞表达出来，这个时候老师就可以去开导他了。孔子主张要由浅入深、由易到难慢慢地启发学生，要循序渐进，不要企图一蹴而就。

孔子还主张"学思并重"。"学而不思则罔，思而不学则殆"就是这一思想的形象阐述。这句话是告诉我们，如果只是一味地学习而不去思考，就会陷入困惑的状态；假若只知道思考而不读书学习，那就是空想，就算殚精竭虑也不会学得多好。这就是孔子强调的"学与思并重"的思想。换言之，间接经验和直接经验对学习来说都很重要，二者缺一不可。

"三人行，则必有我师焉！"这句话也是关于孔子的一句著名的话。作为学生的老师，孔子强调以身作则，十分看重师德。孔子发展了古时尊师重教的传统，并且把它提升到了一个新的层次。他把师德提到"仁"的高度。孔子之所以能够远近闻名，桃李满天下，这与他自身高尚的师德也有关。

在教学中，孔子不单单是对学生提出各种各样的要求，更是严于律己。比如，孔子所要求的"博学""学思结合""见贤思齐""温故知新""乐知""诚实""谦虚"等，既是对学生的要求，更是对自身行为的规范。可以说，孔子是现在教师的优秀典范。

带你去看春秋战国

除此之外,孔子还有许多宝贵的教育思想,这些在《论语》中都有所体现。教育是和政治分不开的,孔子把教育和人口、财富作为立国的三大要素。孔子一系列的教育思想的提出在一定程度上其实也是为了培养自己的实力,作为政治资本,从而促进他的政治主张的推行。孔子的教育思想源远流长,博大精深,在任何时代都不会过时。

第八章 教育与医疗，不可不说的人生大事

6. 孟子的教育主张

孟子是战国时期邹国人，名轲，是我国杰出的思想家、教育家。作为儒家学派的代表人物，他是孔子的弟子，与孔子并称为"孔孟"。元朝以后，孟子还被人称作"亚圣"。和孔子一样，孟子也有许多独特的教育思想。他的主要代表作品就是《孟子》。

想必大家都听说过"孟母三迁"的故事。孟子自幼丧父，由母亲抚养长大。母亲始终没有改嫁，而且非常重视对孟子的教育，希望孟子可以成为一代贤才。最初他们家住在墓地的旁边，孟子经常和邻居的小孩一起玩儿，学着大人哭喊跪拜的样子。孟母看到以后很担忧，心想不能让孩子再住在这里了。于是，孟母就带着他搬到了离集市不远的地方。然而，到了集市上，孟子又和邻居家的小孩学着商人的模样，吆喝着做起生意来了。孟母又觉得这个地方也不行，不适合孟子居住。这一次，他们搬到了一个离屠宰厂近的地方。可想而知，孟子便学起了屠夫所做的事。孟母知道后，又带着孟子搬了一个住处。最后，他们搬到了学校的附近，孟子在这里开始模仿学生们学习。这一次孟母十分满意，说这才是儿子应该住的地方。由此可见，孟母十分关注孟子的教育，并且十分重视环境对孩子教育的影响，所以才不厌其烦地

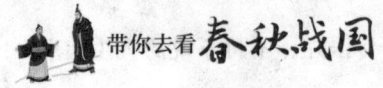

搬三次家。正是因为孟母对孟子教育的重视，才有了孟子一系列的教育思想的提出。孟子主要有哪些教育思想呢？

第一，孟子提出了"性善论"。在中国教育史上，孟子是第一个提出性善论的观点的。孟子认为人性本善，每个人一生下来就有良知，这是人所固有的，而不是后天塑造的。在孟子所有的教育思想中，性善论是基础。性善论将人和动物区别开，认为人性是人所特有的。在教育实践中，孟子始终贯彻了性善论的教育主张。

第二，"存心养性"。在道德修养方面，孟子强调要存心养性。也就是说，要保持自己原本的心性，不要因为外界的种种诱惑而丢失掉这种本性。孟子认为，如果一个人的欲望过多，就会迷失了本性。所以，为了保持最初的"善"，就必须学会克制自己的欲望，而且在为人处世上要做到仁义诚信，待人有礼。这样做是为了达到社会和谐的最终目的。

第三，"动心忍性"。在道德教化方面，孟子曾写道："天将降大任于是人也，必先苦其心志，劳其筋骨，饿其体肤，空乏其身，行拂乱其所为，所以动心忍性，曾益其所不能。"也就是说，一个人要想成大事，有所作为，必须修身养性，磨炼自己的心志。处于艰苦的环境下，就要具备足够的忍耐力，多多磨炼自己的意志。在这一点上，孟子觉得后天环境对人的影响十分重要，这似乎有点偏离性善论的主张。孟子还提到"富贵不能淫，贫贱不能移，威武不能屈"。这是对大丈夫的要求，也是在鼓励人们要做到舍生取义。这种大无畏的教育理念，在一定程度上也是为了迎合统治者的需要。

第四，"反躬求己"。反躬求己是指自省，即自我反省。如果一个人没有达到自己所追求的目标，这时他首先应该做的是反省一下自己，看看哪方面做得不够。比如，当你对别人友好，但是别人反而不同你

第八章 教育与医疗，不可不说的人生大事

亲近的时候，这时你就要反思自己的仁爱之心是否足够；当你以礼待人，却遭到他人的冷漠对待时，你就要反思自己是否曾经得罪过他人；当你在管理一些事情的时候没有管理好，就要反省自己到底是否有足够的才能来做这件事。懂得自我反省，是完善个人品德的关键。总之，无论身边发生了什么事情，都要从自己身上找原因，而不是一味地埋怨和指责别人，怨天尤人。

第五，"盈科而后进"。盈科而后进是说在学习和教学过程中要循序渐进，切不可操之过急。因为欲速则不达，物极必反。流水在前进的过程中，一定要先注满坑洼的地方才能继续前行，这就是"盈科而后进"的道理。此外，孟子还通过"揠苗助长"的故事来阐述循序渐进的必要性。他认为学习知识就像作物生长一样，有自己的规律，教育者要适度地进行教育，针对实际情况给予适量的教育。

第六，"深造自得"。孟子认为，无论是学习还是修养身心，关键都在于自得。他说："君子深造之以道，欲其自得之也。"在孟子看来，君子深造要有正确的方法，也就是要通过自觉的追求而获得知识。因为自己主动探求的往往会掌握得比较牢固，就不容易忘。深刻的学习，就一定要有自己的收获和见解。孟子特别强调独立思考，不能死读书，深信书中的观点。

除了以上的教育思想，孟子的教育主张还有很多，这些在《孟子》中都有体现。总之，孟子提出这些教育思想是为了培养有道德、讲诚信、懂礼仪的人才，从而为当时的国家做出贡献。在教育作用方面，孟子既强调教育的社会作用，又强调教育对人发展的作用。教育方法有千万种，要因人而异，因材施教。

孟子的教育思想、教育论述都体现了对人的价值的关注和肯定。他的教育之道对中国后世的教育产生了深远的影响。

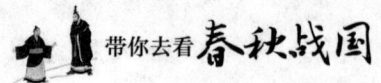

7. 战国时期的高等学府——稷下学宫

稷下学宫是战国时期官办的高等学府。相传它是第一座由官方创办，私家管理的高等学府。这座学府名字的由来是源于它位于齐国的国都临淄的稷门。稷下学宫创办最早，规模最大，而且存在了将近一个半世纪，在我国历史上持续的时间最为久远。此外，它不仅有力地推动了战国时期百家争鸣局面的形成，而且在我国教育史上也是一次伟大创造，对后世的教育产生深远影响。稷下学宫自齐桓公田午时期创立，经历了齐威王、齐宣王等六代诸侯王统治时期。

稷下学宫的一个办学特点就是兼容并包。它在当时几乎接纳了诸子百家中的各个学派，比如道家、儒家、法家、名家、阴阳家等。当时只要是稷下学宫的学者，不管他的年龄、资质、思想观点和政治倾向是什么，都可以自由地发表自己的见解。因此，这里就成为各个学派汇聚的中心。

学者们通过争论，互相借鉴、吸收彼此先进的思想。这些学者都来自不同的地方，其中齐国的学者最多。这也从侧面表明齐国通过办学为自己培养了一大批人才。稷下学宫不仅在思想上兼容并包，在管理上也是如此。在稷下教书的先生来去自如，甚至他们离开的时候可

第八章 教育与医疗，不可不说的人生大事

以带着自己的学生一起离开。这说明齐国给予这些学者充分的尊重和自由。稷下学宫得以有 100 年的延续和发展，想必和它兼容并包的做法有着很大的关系。

在办学方针上，稷下学宫更是强调自由辩论，各抒己见。在这里，谈论的问题甚至可以和政治有关，极具开放性。比如，齐桓公就召集各门各派的学者讨论齐国政权统一的问题，甚至那些没有一官半职的学者都可以对国事自由地发表自己的意见。

更令人想不到的是，齐王和稷下学宫的先生的关系是师友之间的关系，而不是有等级之分的君臣关系。因此，学者们就更能够独立地发言了。在稷下学宫的各个学派，他们的地位都是平等的，并无高低贵贱之分。统治者们可能或多或少都有自己更加倾向的学派，但是他们也并没有因此而对某个思想学派进行过分的赞扬和抑制。因此，各学派的思想主张在平等的竞争中渐渐发展壮大，这才有了战国时期百花齐放、百家争鸣的局面。稷下学宫可以说是具有学术和政治双重性质的一个学府，它既是一个官办的学术机构，同时又是政治顾问团体。

稷下学宫的先生们不仅有着较高的政治地位，而且物质待遇优厚。稷下学宫充分发扬了礼贤下士的优良作风。在政治地位上，稷下学宫的先生可以和国君平起平坐，甚至还可以做国君的老师。相传齐宣王在位时，就曾向有贤能的人请教，还请求贤能之人收他为学生。正是因为国君们的宽厚，尊重学者，所以才会有大量的贤士积极地为国家贡献一己之力。至于物质方面，齐国更是十分慷慨。国君总是花重金聘请那些有学问的学者。此外，齐国还根据稷下学宫先生的学术水平和声望将他们分成好几个等级，按照等级分别给他们发放俸禄。稷下学宫的另外一个特征就是徒随师贵，也就是说，老师的身份高，学生的待遇也就更好些。如此一来，学者们都可以专心致志地做学问。

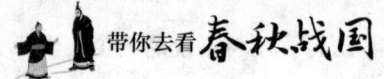

　　起初,稷下学宫办学是为了招贤纳士。从它出现到发展起来,规模渐渐变得十分庞大。从主办方和办学目的来看,稷下学宫自然是属于官学的性质。它的出现表明士阶层已经发展到了顶峰。那么,为什么稷下学宫被称作高等学府呢?因为它的主要是为了招贤纳士,商议国事,而不是简单地传授文化知识,所以称它为高等学府,将它和一般的学堂区别开。在教学方面,稷下学宫的师生们来去自由,不受齐国官方的制约。在学术上,它具有私学的性质,各大学派都可以随意地安排教学活动,传授教学内容。稷下学宫还定期地举行学术交流会,会上各个学派可以自由讨论、演讲或辩论。随着逐渐发展,稷下学宫越来越具规模化、规范化和制度化。

　　稷下学宫的学者著作丰富,为后世留下了大量宝贵的著作,涌现出一大批人才,如荀子、鲁仲连等人。其中,荀子作为稷下学宫的最后一个大师,从人性论、认识论和政治理论、天人关系等方面对稷下学术进行了细致的总结和修正,从而将各家各派的学术推向高峰。荀子"礼法结合"的政治思想尤其对后世影响深远,极具价值。

　　稷下学宫虽然在历史的长河中存在的时间很短,却带给我们深远的意义和宝贵的教学经验,对后世学校教育的发展产生了深远的影响,特别是高等教育。如今我们应对稷下学宫进行更加深入的研究,取其精华,去其糟粕,批判继承,古为今用,将其优点发扬光大。

第九章

春秋战国的节庆盛典

导语

　　我们现在的节日很多，庆祝方式也多种多样，但追根溯源，很多节日早在春秋战国时期就已经出现了，比如春节、清明节、寒食节、端午节等。在娱乐活动相对比较匮乏的古代，节假日庆典活动也算得上是他们的娱乐活动了。

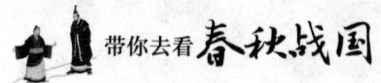

1. 春节习俗的萌芽时期

说起中国最大的节日,那肯定是春节。春节在我国传统文化中有着悠久的历史。春节俗称年节,又称作大年、新年、新岁。其实,春节最早起源于殷商时期的祭祖活动,通常在年初和年末进行。在当时,那可是中国最重要、最古老的一个传统节日。那么,当时春节具体的日期是什么时候呢?传统意义上的春节,是从腊月初八的祭灶,一直到正月十五,其中主要的日期是除夕夜和正月初一。

春节期间,人们会举行一些丰富多彩的活动来表示庆贺。当时主要的活动有祭拜祖先,祈求风调雨顺,除旧布新等。这些活动往往丰富多彩,各具特色。从腊月二十三起,也就是进入小年开始,人们就开始准备过年了,比如打扫房屋,沐浴更衣,准备过年的吃食用具等。无论哪一种活动都体现了辞旧迎新的主题。人们满怀热情,以盛大的仪式来迎接新年和春天的到来。

过年又叫年节,年节这个称呼也是和谷物收成有关的。在古代,谷子一年一熟,五谷丰登就是丰收年。可见春节这个节日也和人们的农耕活动有着密切的关系,人们也是用春节来庆祝一年一度的丰收。

作为新年风俗的主要内容之一,人们会请灶神、门神、财神、喜

第九章　春秋战国的节庆盛典

神等各种神灵，向他们祈求庇佑。春节也是合家欢乐、共享团圆的日子。人们在除夕夜欢聚一堂，共同吃团圆饭，全家人一起守岁。除了那些祭拜的活动之外，一般在正月初一后，还有各种各样的狂欢节目，比如耍狮子、扭秧歌、踩高跷、杂技等。这些都为春节增添了浓郁的喜庆氛围。春节就这样年复一年地流传下来，直到今天，不过其中祭祖、祭神这样的活动相对而言已经淡化，其他习俗大多得到了很好的传承。

那么，春节在春秋战国时期有什么体现呢？在孔子生活的春秋时期，鲁国就有了迎春的习俗，俗称为"春祭"或者是"腊祭"。相传，孔子在春祭后没有得到国君分给大臣的应有的祭肉，于是非常生气地离开了鲁国，前往卫国，并开始周游列国。早在西周初期，已经有了一年一度的在新旧岁交替之时庆祝丰收和祭祖的活动，也就是年的起源。对每个中国人来说，年都是一年一度最重要的时刻，它蕴含着文化的精髓，是文化的积淀和文明的见证。

春秋战国以前，古人就专门用一种形状像铜钱的物品来祈福。这是一种辟邪的铜钱，叫压胜钱，或是花钱。据史书记载，春节前后人们都会互相赠送压胜钱，称为馈岁，蕴含着希望彼此在新的一年里平安无事的意思。如今过年期间，孩子们一般会收到长辈的压岁钱。这和当时的情况类似，可以看作古俗的遗风。

关于除夕，还有一个传说。据说在上古时期，有一种叫"年"的非常凶猛的怪兽，它生性极其残暴，平时都在深山老林中埋伏着。更可怕的是，它喜欢吃人，所以人们对它感到非常恐惧。幸运的是，它一般不会出来，只有当每年的岁末，也就是大年三十的那天晚上才会出来作恶。所以，人们总是在天还没有黑的时候就早早地关上了自己家的门。为了免受年的攻击，人们都时刻防备着，不敢睡觉，直到天亮。

第二天，人们都各自打开房门，看见邻居们平安无事后才会松一口气，互相道贺彼此相安无事。渐渐地，人们发现了年的弱点，它往往十分害怕爆竹和红色的东西。爆竹实际上用火燃烧竹子发出的噼啪声。人们发现了年的这一弱点后，在每年的除夕夜便纷纷穿红挂红，燃烧爆竹，制造这种热闹的景象，一方面可以表示庆祝，另一方面也可以向年示威，把年吓跑。从此年就再也没有来过。这就是除夕的传说。

春秋战国时期的春节还有许多各种各样的活动。有些和当代的春节习俗一样，也有一些可能会有所差异。这是历史发展的一个正常现象。

春节作为中华优秀传统文化的一个重要载体，其中蕴含着深刻无比的意义。我国古代人的生活方式和思想观念可以从当时庆祝春节的方式中得以体现。无论是最初祭祀、祭祖的目的，还是庆祝丰收，祈求来年风调雨顺，抑或是为了驱赶"年"，这些史实和传说中都凝聚着古代人民的生命追求和情感寄托，表达了他们的思想情感。

2. 介子推与寒食节

"清明时节雨纷纷，路上行人欲断魂。"这句诗想必大家都不陌生。诗中渲染了清明时节凄婉、悲凉的氛围。清明节距今有大约2500年的历史了，是我国农历二十四节气之一。这一时期往往降水量增加。清明节源于古代帝王将相们的祭祀之礼，渐渐地，民间也开始纷纷效仿，选择在清明期间祭祖扫墓，于是就有了现在的清明节。清明节的前一天就是寒食节。如今可能更多地提及清明节，而不再强调寒食节。

寒食节是春秋时期人们为了纪念介子推而形成的节日。据说，当时晋献公的宠妃骊姬为人心思狠毒，为了让自己的儿子奚齐继承皇位，不惜设计杀害了太子申生。申生的弟弟叫重耳，也就是后来的晋文公。为了不遭受骊姬的毒害，晋文公便放弃荣华富贵，逃了出去。晋文公出逃期间饱受磨难，受尽各种屈辱，许多和他一起出逃的大臣们受不了逃亡的生活，也都渐渐离开他，各自寻找出路去了。只有几个人还算忠心，始终追随着他，这其中就有介子推。由于当时他们是在逃难，所以经常饥寒交迫。有一次，晋文公饿昏了过去。介子推为了让晋文公有吃的，不至于被饿死，于是从自己的腿上割了一块肉，在火上烤熟了之后给晋文公吃了下去。在介子推的细心照料和辅助下，十几年

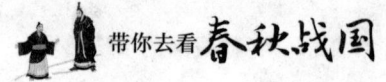

后，晋文公终于又回到了自己的国家，并且当上了君主，成为春秋五霸之一。

当上晋国的国君后，晋文公自然是要对那些和他同甘共苦的兄弟进行封赏。可是他偏偏忘了给介子推封赏。这时，有人站出来为介子推打抱不平。晋文公这才想起之前介子推为他做过的那些事，觉得十分愧对他，于是派人去介子推家里，要给他封官，还要给他许多赏赐。然而，派去的人已经去了好几趟了，可是介子推一直没有出来。于是，晋文公亲自上门去请，可介子推还是不愿意见晋文公，甚至带着母亲躲进山里去了。晋文公还是不肯罢休，便让他的军队去山里寻找，也没有找寻到介子推的踪迹。就在这时，有人出了一个坏主意，准备在山的周围都点上火，只留一个地方。只要火烧起来了，介子推肯定会逃出来的。晋文公听信了这个人的主意，果真让人放火烧山。可是大火烧了三天三夜，火灭了之后也不见介子推出来。后来，人们在山上找到了介子推和他母亲的尸首。他们二人正抱着一棵被烧焦的柳树。晋文公后悔不已，对着介子推的尸体又哭又拜。后来，有人在那棵柳树下面发现了一个树洞。树洞里面有介子推衣服上的一块布，布上面还用鲜血写着一首诗。这首诗的大致内容是规劝晋文公要做一个清明的君主，时常反省自我。晋文公看到之后很感动，于是就把介子推和他母亲安葬在那棵柳树下。为了纪念介子推，他又把那座山改名为"介山"，还在山上建立了一座祠堂。而放火烧山的这一天就成了寒食节，晋文公还规定每年的这一天不准烧火做饭，只能吃一些寒食。

安葬好介子推之后，晋文公取了一段烧焦的柳树枝，带回宫中做了一双木屐，并时常对着它感叹"悲哉足下"。"足下"这个词就源于这里，他是对同辈或上级的一种尊敬的称呼。第二年，晋文公带着许多大臣到介山去祭奠介子推。为了表示对介子推的深刻哀悼之情，晋

第九章 春秋战国的节庆盛典

文公穿着素服,徒步登山前去祭奠。这一年,坟前的那棵柳树又死而复生,随风飘摇。晋文公看了很是激动,就像看到了介子推似的。他怀着敬畏之心,走上前去折了一个树枝,编成花环戴在了头上。晋文公还给这棵死而复生的柳树赐了一个名字叫"清明柳"。此后,这一天就成了清明节。

晋文公还是很有自省能力的,他时常把介子推的血书带在身边,用来鞭策自己。自此,晋文公更发愤图强,把国家治理得非常好,晋国的百姓们也可以安居乐业,生活得幸福美满。百姓们也都感念介子推的恩德,非常尊敬和怀念他。大家都自觉遵守规定,在那一天杜绝一切烟火,只为了追忆介子推,甚至有人还用枣泥和面粉捏成燕子的形状,用柳条穿起来插在门上,认为这样就可以召唤回介子推的灵魂。这个柳条的名字叫"之推燕"。渐渐地,随着时间的推移,清明节和寒食节就流传了下来,成为民间一个重要的祭祖扫墓的节日。寒食节和清明节的规定也被后人们牢记在心里。

每年的寒食节人们都只吃冷食,不生火做饭。其中,北方人和南方人的吃食也都不太一样。在北方,人们在那一天会吃一些事先准备好的冷食,通常多为枣做的饼子或是大麦做的糕点等;而南方人则会吃一些青团和糯米糖藕。与此同时,每一年的清明节,人们也会把柳条编成一个圈环戴在头上,并且在门前插上柳条,以表怀念。

寒食节还有许多别的名称,比如"禁烟节""冷节""百五节"等。按规定,寒食节是在冬至以后的第105天,大概是清明节的前一两天。随着时代的发展,寒食节渐渐产生一些其他的风俗,像是祭扫、踏青、秋千、蹴鞠、牵勾、斗卵等。

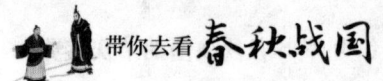

3. "姑姑节"的起源

春秋战国时期的大多数节日一直流传到现在,尽管某些庆祝方式或者其他细节发生了变化,但总归是传承了下来,比如春节、元宵节、清明节、端午节、中秋节等,这些至今都是广大人民群众所熟知的节日。然而,也有一些节日由于时代的发展、历史的变化,渐渐变得不再那么重要,甚至人们可能都不知道有它的存在,"姑姑节"就是其中之一。相信不少人都不知道这个节日吧。作为传统文化的一部分,"姑姑节"的起源和习俗到底是什么呢?

"姑姑节"其实是和传统的农业社会有着一定关联的,在历代的发展中又有着不同的名称。"姑姑节"又名"走麦节",到了宋代也叫"天贶节"。这个节日根据不同的地区,还产生了不同的叫法。由于各地区的风俗习惯和生活背景不同,在我国山西运城地区,这个节日俗称"走麦罢";在山东地区又叫"望夏";而"请姑姑""姑姑节"则是河北地区的俗称。除了名称不同,这一节日在各地区的习俗也各不相同,形式上也存在一些差别。比如,在山西的运城地区,以及中条山以北的各县,在"姑姑节"这天就有母亲给出嫁的女儿送食物的习俗,通常所送的食物有莲花馍、粽子、鸡蛋、枣馍、杏等。中条山以南地

第九章 春秋战国的节庆盛典

区的习俗则是出嫁的女儿带着礼物回娘家,礼物主要是新麦花馍。不管各地的习俗是怎样的,"姑姑节"都是麦子成熟后收割的那段时期。

"姑姑节"最早起源于春秋战国时期,关于这一节日还有一个传说。据说,春秋时期晋国有一名宰相叫狐偃。他是晋文公的一个大功臣,在晋文公流亡他乡之时,始终保护和追随着晋文公,对他不离不弃。后来晋文公重新回到国家掌权,封他为丞相。

狐偃为人机警干练,完全能胜任丞相一职,因此晋国的大臣乃至普通百姓都对他十分爱戴和敬重。六月初六是狐偃的生辰,每到这天,狐偃家门庭若市,人们蜂拥而至,都前来给他送礼拜寿。渐渐地,狐偃开始变得骄傲起来,摆起了架子。时间长了,人们自然也对他有所不满,不再像以前那样爱戴他了。但是人们又碍于他的身份和地位,都不好发作。赵衰是狐偃的亲家公,也是当时的功臣。他对狐偃的所作所为很是反感,于是就直言相劝。然而,狐偃丝毫听不进去,而且还当众责骂赵衰。赵衰本来就年事已高,体弱多病,不久就被狐偃气死了。狐偃的女婿厌恶岳父的行为,没想到他还把自己的父亲气死了,于是暗下决心,一定要替自己的父亲报仇。

次年,晋国由于遭遇自然灾害,夏粮不足,狐偃奉命出京放粮。离京之前,狐偃说自己一定会在六月初六之前赶回来过生日。狐偃的女婿听说后,决定在六月初六这天寿宴上杀了狐偃,为父亲报仇。狐偃的女婿自然先要探一探妻子的口风,于是就问她:"天下的老百姓是不是都恨我的岳父?"狐偃的女儿对父亲的种种行为也颇为不满,就顺口答道:"我们自己家人都厌恶他的所作所为,就更不要说其他人了。"听了妻子的回答,他就脱口而出说出了自己的计划,妻子听后非常震惊,但是一想到自己父亲的种种不好,就说:"我嫁到你家了,就是你家的人了,你看着办吧。"她嘴上虽说不管,但毕竟那是她的亲生父亲，从此她每天都坐立不安。她一方面怨恨父亲狂妄自大，对亲家无情无义，可另一方面又想起父亲的好，觉得自己不能见死不救。于是，在六月初五的这天，她跑回娘家把一切都告诉了母亲。母亲听后十分着急，就派人连夜给狐偃送信。狐偃的女婿发现妻子不见了，就知道她肯定是回娘家了。他自知事情败露，就垂头丧气地在家等着岳父回来责罚。

到了六月初六那天，狐偃果然一早就跑去亲家府上。然而，狐偃却若无其事地和女婿聊天，还亲自把他请到了自己家里。那年寿宴上，狐偃当着众人的面说："老夫今年放粮，亲眼看见百姓们生活疾苦，食不果腹，颇有感触。我深知自己这些年嚣张跋扈，狂妄自大，总是办错事。如今，我不能一错再错了。今天贤婿本想设计害我，然小女顾惜养育之恩前来通知我，尽了孝道，我非常感动，也很后悔。女婿是想为民除害，替天行道，我不怪罪他。女儿如此待我，尽了大孝，当受我一拜。希望贤婿看在我女儿的面上，从此一笑泯恩仇，两家和好如初吧。"

自此以后，狐偃果然是真心悔改，翁婿两人的关系比以前更加亲近。为了记住这个教训，狐偃每年六月初六都要请回女儿和女婿，并且好好招待他们。后来，百姓们知道了这个事情，也都纷纷效仿，都在六月初六这一天接女儿回家，寓意是消除怨恨、免除灾难，图个吉利。时间久了，这一天自然就成了习俗，流传了下来。就因为这样，才有了这个叫作"姑姑节"的节日。

在这一天，陕北地区有"六月六，六月六，新麦子馍馍熬羊肉"的习俗。此时正值收获的季节，为了庆祝丰收，庄稼人都会接女儿回娘家团聚，共享天伦之乐。随着时代的发展，各地区、各民族也有不同的庆祝方式。无论是哪种方式，"姑姑节"都体现了农民们丰收的喜悦以及祈求平安、团圆的好寓意。

4. 端午节的来历

端午节的起源可以追溯到上古时期了。当时人们把农历的五月初五作为端午节，所以以前又叫"端五节"。后来可能是因为把端午节选在五月的第一个午日，所以才有了端午节这个称呼。又因为初五正是登高顺阳之日，所以又称为"端阳节"。此外，端午节还有午日节、重五节、五月节、浴兰节、女儿节、天中节、地腊、诗人节、龙日等别名。虽然名称不同，但总体上说，各地人民过节的习俗大多是一样的。

端午节作为中国的传统节日之一，自然民间也有许多民俗活动，主要包括女儿回娘家、躲午、帖午叶符、悬挂菖蒲和艾草、游百病、佩香囊、备牲醴、赛龙舟、比武、击球、荡秋千、给小孩涂雄黄、饮用雄黄酒、吃五毒饼、咸蛋、粽子和时令鲜果等。其中最常见的习俗就是吃粽子和赛龙舟了。关于端午节有各种各样的传说，其中有关屈原的传说最具代表性。

屈原是春秋战国时期的楚国人，也是一位伟大的爱国诗人。2000多年来，他的诗篇被后人传诵，他的爱国精神更是受到世人的景仰。他为我们留下了许多宝贵的精神财富，如《离骚》《天问》《九歌》等读起来朗朗上口的诗篇。因此，端午节又叫"诗人节"。《史记》中记载

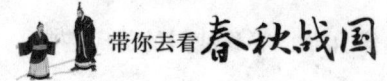

了屈原的一生以及端午节由来的故事。

屈原当时是楚怀王的大臣,他提出了许多富国强兵的思想,是一代贤臣。屈原主张联合齐国对抗秦国,不料却遭到贵族阶层子兰等人的强烈反对,后来他受到小人的迫害,被赶出了都城,流放在外。流放期间,屈原仍然心怀天下,忧国忧民,并在此期间写下了许多著名的诗篇。公元前278年,秦军攻破了楚国国都,屈原目睹自己的祖国被侵略,心如刀割,却无能为力。于是,他在五月五日写下了绝笔之作《怀沙》,随后就投身汨罗江,以死明志,用自己的生命谱写了一曲壮丽的爱国篇章。

得知屈原投江而死后,楚国的百姓们伤心欲绝,于是纷纷奔走到汨罗江边去悼念屈原。渔夫们在江面上来回划着船,企图找到屈原的尸首,将他打捞上来。还有渔夫拿出一些准备好的食物,如饭团、鸡蛋等,把它们丢进江里,他们认为这样江里的那些鱼虾们就有吃的了,就不会去咬屈原的尸体了。后来人们纷纷仿效这位渔夫的行为。还有一位老医师把雄黄酒倒进江里,说这样可以使河里的蛟龙水兽晕倒,就不会伤害到屈大夫了。再后来,为了防止蛟龙咬了饭团,人们还想出用楝树叶包饭,外面缠着彩色丝带的法子,于是渐渐地就有了粽子这种食物。

从此以后,吃粽子就成了端午节的主要习俗之一。粽子又叫"角黍""筒粽"。据记载,春秋时期的"角黍"是用菰叶包黍米做成的,呈牛角状;"筒粽"则是用竹筒装米密封烤熟的。端午节包粽子的习俗流传至今,每年的五月初五,中国百姓家家都会浸糯米,洗粽叶,包粽子。后来,粽子的种类也变得越来越丰富,而且不同地区有不同风味的粽子。比如,北方多包小枣,南方则有豆沙、鲜肉、火腿、蛋黄等多种馅料。

第九章 春秋战国的节庆盛典

除了吃粽子之外,赛龙舟也是端午节的一个主要习俗。这个传说和往江里投粽子很相似。相传当时楚国百姓都舍不得屈原投江死去,因此许多人划船前去追赶,看看能不能把屈原救上来。人们争先恐后地乘船追赶,渐渐地就演变成了龙舟比赛。之后,每年五月初五人们都会划龙舟来纪念屈原。赛龙舟的习俗常见于吴、越、楚三地。起初是为了纪念屈原,到了后来,赛龙舟在不同地区也有了不同的寓意。到了1980年,赛龙舟还被列入国家体育比赛的项目中,并且每年都举行"屈原杯"龙舟赛。

此外,春秋战国时期过端午节的时候,大人们常常会给小孩佩戴香囊,以此来达到避邪驱瘟的目的。驱邪不驱邪倒是无从得知,作为装饰品倒是真的,可以用来点缀发型。香囊内的填充物多为朱砂、雄黄、香药等,芳香四溢。外面用丝布包裹,再用五色丝线弦扣成索,制作成各种形状,穿成一串,十分精巧可爱。

作为古老的传统节日,端午节是十分隆重的,有着各种各样的庆祝活动。但是,在快节奏的现代社会中,人们的生活方式发生了改变,其中的许多习俗早已不复存在了。目前还普遍存在的习俗就是赛龙舟、吃粽子、佩香囊和插艾叶菖蒲了。而且端午节这天,人们之间互相问候一般不说"端午节快乐",最为妥帖的说法是"端午节安康。"

作为伟大的诗人,屈原像是块宁愿融化也不愿在泥沙中偷生的寒冰,是有着满腔热血的民族英雄。屈原的精神值得我们学习,那是一种大无畏的爱国精神,是一种宁死不屈的精神。希望我们今后再过端午节纪念屈原的时候,不要一味地吃粽子,更要铭记屈原伟大的民族气节,学习屈原的爱国精神。

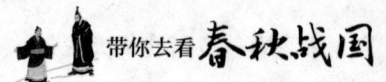

5. 春秋战国时期的婚嫁流程

古诗云:"洞房花烛夜,金榜题名时。"此乃人生中的两大乐事。婚姻是一件非常神圣的事情,又是人一生中的大事。无论在当代社会,还是在古代,婚礼都显得非常重要,人们常常大操大办,邀请亲朋好友前来庆祝。婚礼的仪式和流程往往比较烦琐,而且不同时期和不同地区都保留着各自婚礼的习俗和特点。那么,春秋战国时期的婚礼仪式又是怎样的呢?

在"婚嫁"方面,春秋时期的婚礼在规矩、礼仪上要比战国时期丰富很多,战国时期的婚礼仪式多是在西周和春秋时期的婚姻制度上有选择性地保留或删减。据《仪礼·士昏礼》记载,春秋时期的婚礼流程称为"三书六礼"。三书主要是指聘书、礼书、迎亲书;六礼则包括纳采、问名、纳吉、纳征、请期、亲迎。聘书,顾名思义,就是求聘新娘时向女方家中送的定亲之书,它是男女双方正式缔结婚约的见证。通常在纳吉这一步会用到聘书。礼书,就是过礼之书,也就是男方列举好的礼物清单,上面记有详细的礼物种类和具体数量,通常在纳征时用。迎亲书和聘书比较相似,也是迎娶新娘之书,不过迎亲书则是在结婚当天接新娘过门时用。这就是"三书六礼"中的三书。

第九章　春秋战国的节庆盛典

六礼的第一礼是纳采，纳采的意思是指男方派媒人去女方家里说媒，如果女方同意了这门亲事，男方再送上大雁作为礼物，并正式提亲。在春秋时期以至整个封建社会，媒人在一桩婚礼中起着主要作用，就算男女双方两情相悦，没有媒人从中说媒的话，他们也很难成婚，因此纳采这一步十分关键，尤其是对那些显赫的贵族人家。

第二礼是问名，就是男方在纳采之后派人询问女方的一些基本情况，比如女方的闺名、在家中的排行和生辰八字等。问了这些便可以去占卜吉凶，看看男女双方是否八字相合。除此之外，女方的生母是谁也要弄清楚，从而区别嫡庶。问名这一项也是要送大雁为礼的，当然女方要设宴款待前来问名的人，女方父亲还要送问名的人离开。

第三礼是纳吉，由男方拿着问名得来的女方的基本信息去祖庙中占卜，向祖先或天神询问婚姻吉凶，如果是吉，那么皆大欢喜，就可以派使者拿着大雁前去报喜。如果是凶兆的话，这门婚事就算完了。这一点就有些封建迷信了，不值得提倡。

第四礼是纳征，纳征又称"纳财"，单看名字就知道它有点儿像送彩礼的习俗。

第五礼是请期，也称作"告期"。男方家会选择一个良辰吉日，再次派使者带着大雁去征求女方的同意，当然这只是个形式，实际上男方享有婚期的决策权，只是出于礼节，通知一下女方而已。

最后一项礼仪自然就是亲迎了。这是整个婚礼仪式中最重要、同时也是流程最多的一项了，主要包括迎亲、饮宴、相见和拜舅姑。

迎亲从古至今都是非常麻烦的一项流程。出门之前，男方往往都需要在家里摆上许多吃食。随后新郎穿着"爵弁服"，浅绛色的黑边的"裳"，再带着一队身穿"玄端"的迎亲随从，驾着黑漆车前往女方家迎娶新娘。在路上，最前面的人举着火把带路，新郎的马车后面常会跟有两辆从车和迎接新娘的婚车。

车队到了女方家门口后会等女方梳妆打扮，由女方的父亲接新郎进门，新郎再次递上大雁礼，双方行礼。待新娘准备就绪后，新郎就可以接走新娘了。新郎要先坐到驾车人的位置上，装作驾车的样子，让新娘坐上车。等到新娘坐好以后，新郎再离开驾车的位置，让其他人帮助他驾车，自己则赶紧跑到另一辆车上，先赶回家去，站到自己家门口等车队回来，作为迎接新娘之礼。

迎亲过后，就是饮宴了。饮宴开始前，新郎、新娘、舅姑等人还要找好各自的位置，互相行礼。饮宴上最重要的一个环节是新婚夫妇一起吃祭品，代表着双方从此以后将不分彼此，互相扶持。具体的祭品有牛羊的肺、肝，菜酱、肉酱、黍稷、猪肉等。新郎新娘先祭黍稷、肺，然后一同夹着肉食蘸菜肉酱，一共要吃三次才算完。吃完之后就要行"合卺礼"，这是指把一个匏瓜切成两半，夫妇两人各拿一半用来饮酒，需要饮漱三次，这就是合卺的礼节。喝过合卺酒之后，新婚夫妇吃剩下的食物就要被撤走。但是，撤走的那些食物中新郎吃剩的要交给女方家人吃光，而新娘吃剩的则交给男方仆从负责吃完。

相见其实就是入洞房的意思。饮宴结束后，新人们回到仆人们布置好的婚房，新郎新娘换掉礼服，新郎的礼服交给女方的人，新娘的礼服交给男方的人。接下来就是洞房花烛了，新郎会亲手摘下新娘头上的"缨"，也就是发带，然后送给女方。据说这个缨是订婚之后新娘用来束发的，直到成婚后才能摘下来，而且必须是由新郎亲自取下。众多礼仪都完成后，由下人们撤掉室内的蜡烛，亲友散场，只留女方的陪嫁人员待在门口守着。

婚后的第一天，女方不能睡懒觉，必须要早起，沐浴身体，使身体洁净，然后穿上"俪笄""宵衣"前去拜见公婆，给公婆敬茶。女方

第九章 春秋战国的节庆盛典

应用双手捧着盛有腶脩、枣、栗子的笲,将其中的枣献给公公,腶献给婆婆。公公应该摸一下枣,然后站起身来答谢,婆婆则用手拿着腶脩答谢。完成这项之后,新娘再出去,把牛肉、猪肉端过来,侍奉公婆进餐。至此,烦琐的婚礼仪式到此才算圆满结束。当然,随后还有归宁等程序就不用多说了。

和如今的婚礼相比,古时候的婚礼往往更注重形式和礼节。这有利有弊,一方面可以使人们懂规矩,尊敬长辈;另一方面也过于封建迷信。现代人应取其精华,吸收传统婚礼仪式中的有益因素,摒弃封建迷信内容。

第十章

春秋战国时期的社会保障

导语

奴隶制的瓦解与封建制的逐步确立都因春秋战国时期新兴的地主阶级要求掌握政权，故而进行的一系列变法与改革。让法治逐步取代了礼治，间接地促进了社会保障制度的发展。

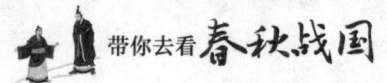

1. 成文法的颁布为何引起激烈的争论？

在中华民族繁荣灿烂的发展史中，法制发展永远是一大亮点，是社会从礼仪规范走向法律保障的一个重要历程。春秋战国时期的社会有了极大的改变。首先便是奴隶制的瓦解，封建制逐渐确立。在这个时期，生产力急速发展，因此生产制度也进行了巨大的调整。在新的社会形势中，虽然遇到了极大的争议，成文法还是应时而生。春秋战国时期便是法治取代礼治的一个开端。

春秋以前，一开始并没有明确的法律条例来约束人们，主要是靠习惯法来调整社会中的矛盾。但是作为最原始的规范，习惯法有着许多的弊端，比如说刑罚的不公正与暗箱操作的大肆盛行，官府可以根据习惯来任意惩罚民众，不利于社会管理；并且严格来说，习惯法并不足以称为"法"，社会秩序主要依靠"礼"来管理，这就造成了极大的混乱。

后来由于社会阶级的变化，出现了成文法。但是令人诧异的是，这套"成文法"并没有向大众公开，而是隐藏在官府中，每当有人犯法，官府人员便会按照这套"成文法"来判期量刑。这造成了人们并不知道自己什么样的行为可以称上"犯罪"，也并不清楚刑罚量刑的具

第十章 春秋战国时期的社会保障

体规则。

这时候的权力集中在官府的手里,官府说人们犯了什么罪,他就得认;说判多久的刑就可以判多久,因为人们接触不到官府里的卷宗。不公开刑罚也可以给公众营造一种"刑不可知,则威不可测"的紧张状态,这也是当时的统治阶级的意思,与当时的社会阶级关系有关。权力掌控在贵族的手里,贵族掌握着官府,这样便可以光明正大、"合理合法"地进行自己的独断专行,不用担心民众认为量刑不合理而产生多余的矛盾纠纷。说到底老百姓还没资格知道法律。

然而这种情况到了春秋时期就没有办法再实行下去。首先经过了社会的大变革,奴隶制的瓦解,出现的新兴的地主阶级代表着统治阶级的意志。他们认为,只有将这些法律条文公之于众,让民众知道明确、公开的量刑规则以便保障自己的权益不被侵害。部分比较开明的旧贵族也认同原来的社会规则不再适应新的社会模式,于是也表示赞同。其次,经过了时代的变迁,礼的统治遭到了极大的破坏,已经成了过去,于是社会急需新的法律制度。最后,在春秋时期,有一大重要的表现是百家争鸣的思想发展,也为成文法的出现奠定了思想基础。于是法律条文终于见到了阳光,为大众所知。

各诸侯国也纷纷公布成文法。公元前536年,郑国的子产将法律条文刻在了铜鼎上,这也是后代著名的"铸刑书于鼎,以为国之常法"。为何选择铸于鼎上?在当时,鼎代表的意义十分的庄严,将法律刻于其上表示了它的权威性与长久的稳定性。这也是后来招致争议的一大源头。晋国的太傅叔相听闻子产要铸法在鼎上,第一个反对,并屡次向子产反映不能铸的原因。他写信说明先王为何不将法律公之于众就是因为忧虑民众都知晓了法律后,不再对法律存在敬畏之心,也就相当于不将国家的威严放在心中。官府办事也就更加困难,百姓都

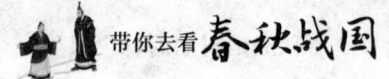

知道法律后，在判刑的时候会产生争辩之心，用法律来为自己辩解，对官府的威严有极大的威胁，百姓也就无法管理。

在郑国之后，晋国的赵鞅和荀寅也效仿子产，将范宣子的法律铸在鼎上，与子产同样的是，这时也造成了极大的争论。这次反对的是鲁国的孔丘。众所周知，孔丘主张的是"礼治"，认为依靠礼乐制度治理国家是最好的权法。所以他十分反对，并放出言论："晋国怕是要亡国了，因为他们将最基本的尊卑贵贱的制度都破坏了，老百姓知道鼎上有法文，他们就会拿条文来与你对峙，他们不会再尊重官府了，国家就要失去对老百姓的统治了！"所以说，引起争论的一大重要原因就是，儒家的礼制思想，"重礼治而尚先王法"，而法家一直崇尚法治，反对奴隶主贵族宗法等级制度的礼治思想，提倡"以非为是、以是为非"的思想。由于孔丘代表的儒家思想对礼治的认同与法家的"以法治国"的主张相违背，因此晋国的铸鼎做法引起了孔子等儒家学者极大的抨击，实则是一种治国理念的不同，但背后就是一种对法律的本质问题争论：法律究竟应该体现哪一阶级的利益。

在春秋时期的郑国，有一个叫邓析的人将法律条文刻在了竹简上，于是史书上把这个称为"竹刑"，意思就是竹简上的刑罚。但是不幸的是，因为此举触及了旧贵族的权益，所以邓析后来被愤怒的旧贵族残忍杀害。但是他创造的"竹刑"却得以保留下来，流传许久。

成文法带来的好处很多。首先，它给社会制定了一套严格的行为约束体系，对社会的和谐有重要作用。公布了成文法后，使得定罪量刑都有了一套公正的标准，保护了新型的地主阶级的利益，以及普通民众的一些基本权利。其次，它打破了"刑不上大夫"的传统规则。在春秋以前，贵族掌握权力，与平民之间有着本质的差距，但是成文法的颁布，打破了贵族对权力的垄断。成文法的颁布也可以说是使代表着新兴地主阶级的利益上升为国家意志,表示本阶级的意志上升为法律。

在公布成文法的过程中,"以法治国"的法家思想在争论中逐渐走向完备,通过社会改革,也更加适应国家,更加适应时代发展的潮流,符合统治阶级的需要,法治取代封建礼乐制度已经是不可逆转的事实,法家的观念也逐渐深入人心,在百家争鸣中取得了重要的席位。

成文法的颁布是中国法律制度上的一次重要的变革。随着成文法的有效推行,争论也逐渐平息,开创了法治取代礼治的新时代。这不仅促进了生产关系的发展,使得国家法律制度更加适应社会的发展,也推动了封建政权的建立,对未来的制度改革具有开创性的意义。

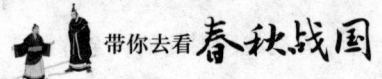

2. 一代武将李悝的变革之功

春秋时期，各种思想体系快速发展，形成了众多的学派。与此同时，社会的法制也随着社会阶级的变动以及思想的进步快速发展。战国初期，井田制的瓦解已经进入尾声，经过一段时期的恢复与发展，封建制度也愈加稳定。这时封建经济已经占据了社会经济生活的主导地位。既然物质基础的改变已经不可避免，上层建筑必然需要跟上物质基础的脚步，改革势在必行。但是由于新兴封建阶级的建立还不是特别稳定，所以一直潜伏的奴隶主贵族对于权力的失去耿耿于怀，妄想改变现状。所以为了保障新兴地主阶级的利益，各个国家纷纷采取变法措施抑制奴隶主贵族的行动。

由于政权的不稳定，各国的经济发展也在起步阶段受到了阻碍，此时诸侯国之间的竞争也日趋激烈，可谓是内忧加上外患。公元前403年，三家分晋，在战国时期崛起，成为三个独立的小国。魏国作为战国时期的一员，军事实力并算不上所向披靡，经济条件也只能算凑合。在这样紧张的局势下，魏国不得已采取紧急措施，亟须变法来提高自己的军事战斗实力与经济发展。前有如狼似虎的韩国，后有军事强悍的赵国，魏国的魏文侯在这时任用李悝为相，希望通过他的变法使国

第十章 春秋战国时期的社会保障

家摆脱如此险境。

李悝最初并没有进入魏国的权力核心,他作为一名武将,曾经在秦国的西北边境担任中山相与上地守。他曾多次率领军队与秦国交战,立下了汗马功劳,因此得到国君的赏识。在一次与国君的交谈中,李悝十分大胆地向魏文侯分析了现在的局势之险。魏文侯意外发现李悝的变法思想新颖大胆,他并不是只会带兵打仗的普通武将,于是对此人暗暗上了心,正巧碰上国家的状况堪忧,于是魏文侯任用这名武将为相。李悝因此成了魏国的重臣,在国君的支持下在全国全面推广他的变法思想。

有了国君的支持,变法十分的顺利。李悝变法第一步便是为官之制。在战国以前,想要做官除非祖上是官,也就是说以前的选官制度是世袭制。但是此时,新兴的封建地主阶级渴望得到政权与话语权,便推动了废除奴隶时期的世袭制度,根据能力来选拔。并且在此基础上,取消了贵族以前享有的特权,取消世袭的俸禄,这也意味着省下了一大笔钱,将资金用在了国家的经济发展上。这也就是后来在政治方面废除旧贵族世卿世禄制,实行量才任用制度。

在经济方面,正式废除了传统的井田制。这也是井田制正式灭亡的一个重大标志。李悝采取"尽地利之教"的政策,鼓励农民去开垦荒田,变废为宝,提高农作物的面积产量,增加农民的经济收入,为实现富国强兵提供重要的物质基础。他同时还对国家境内所有的土地进行测评,测评后再根据实际的产量来制定合理的税收标准,私下还鼓励土地私有买卖,极大地激发了农民的生产积极性。

在军事方面,建立了"武卒"制,意思是对军队的能力定期进行考核,然后根据表现的优劣进行奖励与惩罚,极大地提高了魏国士兵的作战能力。他还根据每个士兵能力的突出方面进行分类,进行队伍的

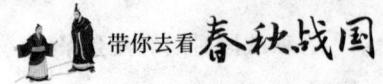

编排，提高了军队的严整性与纪律性。魏国的军事实力因此大大增强。

李悝还主持修订了《法经》，这也是他突出的一个改革措施。《法经》作为中国第一部比较系统的封建法典，是李悝总结了春秋以来各诸侯国的立法经验所编纂的一部评价极高的法典。《法经》原版已经失传，只是在《晋书·刑法志》里保存了《法经》里的基本的内容。《法经》的内容包括正律、杂律、减律三个部分。据记载，《法经》可以分为六篇，分别是：盗法、贼法、囚法、捕法、杂法、具法。

李悝认为"王者之政莫急于盗贼"，意思就是国家最首要的任务是确保百姓的财产安全不为盗贼所窃取，旨在保护百姓的个人私有财产。但实际上，他也是维护地主阶级的财产的一个积极分子。所以他认为盗法、贼法应是六篇之首。基本上，《法经》就是一部以刑为主的诉讼法典，它为国家初步建立法律体系提供了重要的借鉴价值，建立了封建法典的基本原则，对后代封建社会的法制建设都有深刻的影响。据《荀子·修身》："窃货曰盗，害良贼。"盗、贼就是指侵犯私有财产、人身安全及社会和谐的犯罪行为。《晋书·刑法志》上也记载了："悝撰次国法，著法经。以为王者之政，莫急于盗贼，故其律始于盗、贼。盗贼须劾捕，故著网、捕两篇。其较狡，越城，博戏，假借不廉，淫侈，逾制，以为杂律一篇。有以具律具其加减，是故所著六篇而已。"

《法经》之所以有如此高的评价，也是因为它的编纂十分详细严谨，篇目明确。据记载，《法经》的正律部分包括前四篇，主要是关于惩治盗贼的一些法律规定。杂律的部分就是第五篇《杂法》，主要是用于惩治除盗窃以外的其他犯罪行为以及具体的量刑条例。具律部分即《具法》，相当于一部现代刑法总则。由此可见，李悝确实是将盗窃这一罪责视为最严重的犯罪，为了迎合封建地主阶级的利益要求而极大地保护他们的基础权益，才能够使改革顺利进行。

第十章 春秋战国时期的社会保障

可以说,《法经》的修订颁布确立了以法治国的原则,总结了各国的立法经验,成了后代封建法典的基础。它还促进了封建经济体系的巩固与发展,保护了封建地主阶级统治者的利益,促进了封建制度的发展。可以说,李悝提出的创设性的变法措施在那个时代有着巨大的影响,是法治发展史上的一大创举。

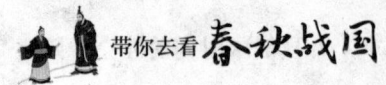

3. 耕地别愁，咱有铁农具！

春秋战国时期，人们从刀耕火种的时期步入了使用器物来劳作的时期。早在三千多年前的商朝，农民已经发挥奇思妙想，运用天上掉下来的坚硬的陨石，通过加热煅打，制成了各式各样的铁器。但在当时，这些陨铁是十分稀缺的，所以一般来说都是发挥它的最大作用，用来做成兵器。当时的陨铁也被称为自然铁。

再后来，到了春秋时期，铁器就被用来做成了工具，以及一些礼器。到这时，铁器的运用不再有局限性，而是用到了社会生产劳动的各个方面，也出现了铁农具。而我国最早使用铁质农具的时期正是在春秋时期。

据记载，最早使用铁农具生产的是齐国。春秋中期齐国的管仲向齐桓公献言，说用铁来铸造剑器等兵器实属浪费，不如用铁造成农具，看看可不可以用来耕种田地。齐桓公听了后，大感新奇，试试就试试，可没想到这一试，试出了一片新的天地。

铁农具为什么会逐渐渗透到社会生产发展的各个方面呢？原因之一就是因为制作的便捷以及价格的低廉。在春秋以前，农民耕地都是使用的青铜工具，而铁农具较之青铜，更加地坚固耐用。由于当时的

第十章 春秋战国时期的社会保障

社会生产力比较低下,铁农具的出现极大地提高了生产的效率,于是被广泛地使用。

有了便捷的工具后,大大地缩短了耕地的成本与时间,农民不再担心耕地累了。装备可是及其重要的存在,尤其是出现了名为耒耜的工具。耒耜作为一种翻土工具,外表像木叉,上部带有弯曲的柄头,下部是用来犁地的犁头。这也是当时农业生产的主要农耕工具,也可以说是犁的前身。

战国时期耕种的铁农具已经出现了更多的类型,比如锄、斧、铲等基本的农业生产器具。人们多用铁器来兴修水利以及砍伐树木,以便开垦更多的土地用来耕作。

可以说铁农具的出现才实现了真正意义上的农业发展。人们开始扩大耕种面积,使得农业快速发展起来。铁农具的出现不仅使农业方面出现了历史性的变革,更渗透到了社会的其他方面。

在任何一个时期,生产力的变革都会引发相应的生产关系的改变。由于铁农具的推广使用,使得农耕面积迅速扩大,这也导致了各诸侯国对于农耕面积的大量需求。但是土地资源毕竟是有限的,尤其是在那个还没有能力去改造不利地形的时期,耕种对于土地的要求就更高了,多以平原为主,但平原更是有限。重农抑商的时期,农业发展可是最重要的,打仗也得抢到那块土地。是由于铁器的使用也使得兵器的铸造更加地便捷,更多的金属被用来铸造兵器,因此国家的军事实力也不断地提升。于是各诸侯国开始了对土地的争夺之战。与其说是土地的争夺,不如说是各国对权力的争抢,大诸侯国通过发动战争来灭亡小的诸侯国,从而扩大本国疆土势力范围。战乱频繁发生,先后出现了春秋五霸与战国七雄。战乱的发生就意味着国土遭到了极大的破坏,民怨丛生,所以虽然当时的农业发展速度快,但是也比不上战争破坏的速度，更别提碰上灾荒的年月，颗粒无收的时节也是常有的。这也是铁农具出现带来的一大变化。

由于铁农具的广泛使用，井田制的破坏速度就由此加快了，从而也导致了新兴地主阶级的实力壮大。所以说，生产力决定生产关系，不能小看任何一个领域的技术进步。

第十一章

神秘莫测，一探春秋战国内部机密

导语

春秋战国时期，战火纷飞。作为历史上的一个大分裂时期，大国之间为了争夺霸主地位不断发起战争，通过兼并以及融合逐渐成就了七雄分鼎的局面。随着中央集权的意识逐步扩大，政治以及军事上都笼罩上了一层神秘的色彩。

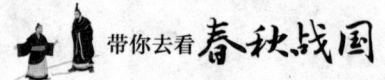

1. 轰轰烈烈的变法，凄凄惨惨的结局

商鞅在历史上可是有着大功绩的人。关于他的变法大家一定都十分熟悉，但是鲜少有人知道，为国家作出了诸多贡献的他，最后的结局却是十分凄惨的。

商鞅作为一代卓越的政治家、思想家，出身于卫国皇室后代，是皇室子孙血脉，能有大胆的改革想法也不足为奇。商鞅属公孙氏，又称公孙鞅，后来在商朝为官，故又称为商鞅。

秦国的秦孝公掌权后，非常渴望贤能之臣辅佐自己励精图治，于是商鞅应邀入秦，辅佐秦孝公，并将自己的变法思想告知秦孝公，劝谏他变法图强。秦孝公对商鞅深信不疑，但是变法是阻力重重。秦孝公赞同了他的改革，力排众议全力支持他的变法。然而商鞅的变法措施大多比较严峻苛责，所以推行起来十分困难。商鞅的舌战群儒就是为了变法而做的前期舆论准备。当时朝堂的守旧派态度都是坚定的，坚决反对变法，然后商鞅指出："治世不一道，便国不法古。汤、武之王也，不循古而兴；殷夏之灭也，不易礼而亡。然则反古者未必可非，循礼者未足多是也。"狠狠反驳了反对的守旧派，因此打响了变法的第一炮。在商鞅出色的口才之下，众人无言反驳，况且在秦孝公的大力

第十一章 神秘莫测，一探春秋战国内部机密

支持下，众人也不敢多有异议。变法就此艰难地开展了。

商鞅第一次变法有几大方面：颁布李悝的《法经》；废除世卿世禄制，奖励军功；重农抑商，奖励耕织；焚烧儒家经典；推行个体小家庭制度等。第二次变法力度就更大了：废除了贵族的井田制，废除土地国有制，推行私有制、"开阡陌封疆"；普遍推行县制；统一度量衡；编订户口，按户征税；迁都咸阳，修建秦国宫殿等。

变法后，可以说是取得了巨大的成效。首先是重农抑商的政策进一步破坏了井田制，促进了小农经济的发展，继而"燔《诗》《书》而明法令"打击了旧贵族的权力。商鞅还大力推行县制，统一度量衡，加强了中央集权。可以说，在经济与政治、军事实力方面，商鞅的变法都是十分成功的。

接下来要说的，就是为何变法成效如此之大，商鞅本人的结局却是"凄凄惨惨"的。

首先是外因。变法之所以能够完整地进行下去，最大的助力就是秦孝公的支持。然而秦孝公的离世就是商鞅变法崩盘最直接的导火索：他最大的靠山秦孝公死了，可以说是给如火如荼的变法之火泼上了一杯透心凉的冷水，这杯冷水，也同时泼在了梦想宏达的商鞅心中。

其次就是内因。变法的本身就带有破除封建礼教传统的成分在，所谓心急吃不了热豆腐，成效越大，推进越快，意味着一下子触犯到了多方面的利益，首当其冲的便是旧贵族的利益，改革中的很多条都是针对旧贵族的利益直接下手，丝毫不讲情面与循序渐进，引起了旧贵族极大的反抗。最后手刃商鞅的，就是这群急红了眼的旧贵族。可见商鞅的行事虽然果断迅速，但是考虑还是不全面，并没有顾及其中利益集团的牵扯。

最后就是变法本身。商鞅作为法家学说的拥护者，推行的新政也

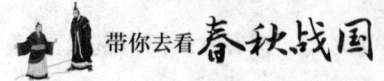

是在法治上大力改革整治。可是一般来说,法治的结局是见效快,副作用大。商鞅推出的法治,对于君主来说自然是有非常大的帮助,通过最快的途径加强中央集权,建立君主集权统治,即便是后期秦孝公的逝世也不会撼动制度本身,法家奉行的制度本身就是如此的霸道而有效。

然而就如同虎狼之药,固然有效,但是带来的却是众叛亲离,人心溃散的地步。严峻的刑罚制度并不如儒家思想的善之道那样深得人心。从一开始,他们便是统治者手里的一把刀,直接砍向对权力有所阻碍的利益集团,是用来辅佐皇权最有力的鹰爪。一旦失势,首先沦为政治牺牲品的不是国君,不是国制,而是变法的直接推行者。

就法治本身来讲也是刚硬冷酷的,这些从商鞅本人的身上,也可略知一二。商鞅的为人也是十分的霸道和不留情面。在第二次变法改革中,有一项措施便是迁都,由于太子迁都的事情有所异议,商鞅便找了个借口,将太子一个太傅的鼻子割掉,又在另一人的脸上刺上了代表屈辱的"墨"字,意味着国法不可触犯,以此来警示太子。可见其手段的残忍。然而这直接与太子结了仇,当太子即位成为秦惠文王后,第一个惩办的自然是商鞅。太子联合了一大批旧臣以及被触犯了利益的旧贵族污蔑商鞅企图造反。这位新上位的君王为了树立自己的军威,自然是杀鸡儆猴,对商鞅做出了最严厉的刑法:车裂、连坐。自己制定的刑法最后用在了自己的身上,想必商鞅的内心也是悲痛不已吧。

商鞅作为变法的直接推动者,为人难免过于不讲情面,急于求进,过于看重目标的实现,而忽略了现实的阻力,一旦出现阻碍,就会用最快速的方法除之,时间久了自然失了民心。然而他也不过是君王手中的一颗小小棋子,死法自然由执棋之人说了算。

即便商鞅的下场十分的惨烈,但这也不能否认,商鞅为国家带来

第十一章　神秘莫测，一探春秋战国内部机密

了一套法律体制，促进了法家思想在国家法治方面的运用与传播，促使秦国成了战国后期实力最强的大国，可见变法还是十分成功的，商鞅对此的贡献是巨大的。

从另一方面看，改革本身就是利益集团关系的一次调整，改革遇到的阻力在所难免，再温和的改革都会触犯到一方的利益。商鞅变法也是顺应了历史的潮流，将社会带入了法制化的阶段，为日后的秦国统一天下奠定了一定的基础。虽然他个人没有得到好的结局，但是在历史上，对于商鞅的评价仍旧是十分高的。

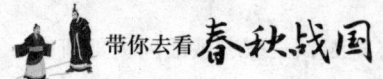

2. 春秋战国时期的郡县制

郡县制指对中国古代实行的中央集权体制下，郡、县二级政权的地方行政制度（类似于行政区划）的总称。自西周时期，便有关于郡与县的记载。《逸周书作雒》上写："千里百县，县有四郡。"在当时，县的面积是远远大于郡的，这样有个很大的弊端就是分的面积过大，不好管理。到了春秋战国时期，为了中央集权，君主就要想个办法重新划分一下。毕竟偌大的国家全依靠君主事事亲力亲为是不可能的，但是如何避免在分权的同时不至于让自己的权力过于分散，从而给他人壮大实力引起反叛的机会呢？这可得动脑筋了。一个政策关乎着整个国家的安危，郡与县的划分也是充满了古人的聪明才智的。

首先提出的是县制。县制起源于春秋时期的楚国。楚武王熊通是先楚王熊坎的第二个儿子。作为次子，是不能继承王位的，所以这位野心勃勃的熊通可是硬生生从自己的长兄熊旬的手中将王位夺来的，后来自封为王。封王三年后他便开始动脑子，他认为不能这么故步自封下去，要招兵买马，扩大疆土，实现富国强兵，但第一次攻打西周便失败了。

失败后熊通并没有放弃，而是选择韬光养晦，暗自恢复元气，不

第十一章　神秘莫测，一探春秋战国内部机密

久以后就吞并了物资充足的权国。而将权国纳入自己的军事板块，首要的事情就是将它彻底写上自己的名字，于是熊通改权国为权县，命令曾经的权王做权县的老大，也就是县尹。这权王哪能答应，本同为一国之主，凭何就当一小小县尹呢？于是他暗中招兵买马，企图谋反。但最后权王也失败了，直接被送回了楚国看管起来，熊通也只得另择他人。这也是县制的开始。

而郡制起源于春秋时期的秦国。春秋时期，改革的一大举措就是官僚制取代了世卿世禄制，而地方上的组织逐渐有了采邑制，也就是单独的郡制以及县制的出现。当时秦穆公嬴任好为君主，秦穆公九年，晋惠公对秦国使者说"君实有郡县"，这也是历史上记载的最早的设郡记录。春秋初期，各诸侯国为了加强统治，纷纷效仿采取了这种采邑制度。然而到了后期，由于封建制度的发展，土地私有制逐步走向正规，土地按亩征税，小农经济逐渐成为主导。那时候的社会已经不再适合采邑制度。于是一些诸侯国的君主开始推行这种垂直管理式的郡县管理制度，也就是后期的郡县制。虽然说后来的郡县制在秦统一六国后正式使用，但是在这之前，春秋战国时期就已经有了郡以及县的设置。

最初的郡大多建立在偏远地区，以进行试验即便失败了也不足以影响大局。由于偏远地区的经济发展以及农业生产水平都相对落后，所以虽然区域广阔，但是地位却远远不如县。偏远地区设立郡县，国君都会派官兵前来镇守。为了长期的稳固发展，再加上外敌来犯，战事频繁，驻扎在这里的军队与百姓就逐渐形成了固定的组织，发展成了地方政权组织。随着时间的推移，经济发展水平上来以后，郡的规模也有所扩大，就在其下分成了若干个小的县，以此来划分工作区域，便于管理。至此郡的地位已经高于县，成了正规的郡县地方行政组织。

简单来说，郡就是中央政府管辖下的行政组织，属于地方的权力中心。而郡以下设立县或者道（由郡划分出来的具体的单位）。县以下设立乡、里、亭。古代是封建君主专制，要求地方对中央完全服从，所以郡县制的长官是由皇帝直接任命，有一定的任期，由此形成了官僚制度。而在春秋战国直至后代的秦国，郡县制都是一套垂直管理的二级制度，虽然看着是县下面还分为乡等，但本质还是郡县制，分成了两级。即使是后来的行省制度，也是在中央设置行中书省，地方设置行省，这在一定程度上加强了统治。

在春秋战国时期，对于县以及郡的管辖是十分严格的。到了秦朝以后就更甚。尤其是当中央集权集中在皇帝一人手中，由中央垂直管理地方。郡中由郡守担任领导，与郡尉之间有着明确的职责安排。郡守负责行政类工作，而郡尉负责军事工作，互不干扰，但是又互相牵制。后来秦一统天下后，秦始皇不放心下面单独管辖，又安插了自己人，称为监察史来监督郡守，大大降低了地方谋乱的可能性。

县下设置县尉。别看名字听起来很威风，那可是一个苦差事。具体来说，就是一人身兼数职，所有的军事安全、征税安排、士兵管理全是县尉的工作。后来发现实在是忙不过来，才向下拨人，设立二至四个县尉，缓解工作压力。

3. 风生水起，名将崛起

春秋战国是一个纷争的时代，战争成了春秋战国的主要历史。各诸侯国之间为争夺有限的资源，发动各种大规模战争，人才成了各国迫切的需要，许多寒门出身本没有机会做官的人就借此机遇大展身手，成功翻身，甚至成为一代名将，在历史上留下了浓墨重彩的新篇章。

在那个群雄纷争的时代，各国都涌现出了一批能人志士。孙膑作为著名军事家的后代，继承了祖上的军事才能，最后也成了战国时期著名的军事家，但是他的人生经历确实有些坎坷。

有一句老话，是金子总会发光。然而想要在事业上有一番成就，要懂得韬光养晦的道理。这不是说本事都藏着掖着，而是要懂得审时度势，适当地隐藏自己的底牌，为自己留有回旋的余地，等到适当的时机再一展身手。

想必当时的孙膑不是太懂得这个道理。因为历史是足以借鉴的，后代可以从中得到一些反思与总结，先代的牺牲才有意义。孙膑与自己的同窗庞涓曾经关系密切，经常就学业上的问题进行交流。庞涓在同窗时就判定孙膑的才智十分出众，并非池中之物，若是成为敌人，必定是一大威胁。后来庞涓出仕魏国，越发觉得自己比不上孙膑，掩盖了自己的光芒，成了自己政治上最大的敌人，于是暗中派人将孙膑掳到魏国监视起来。

孙膑成了阶下囚，自然也是案板上的鱼肉，一切在他人手中。庞涓的嫉妒心日益膨胀，于是胡乱捏造了一个罪名安到了孙膑的身上，让他被处以膑刑和黥刑，意图完全毁灭孙膑。司马贞曾说过："其孙膑脚，筹策庞涓。"孙膑失去了双足与尊严，但是齐国使者却意外发现了他，认为他才智过人。由于战争的缘故，人才成了最大的需求，于是齐国使者将孙膑悄悄运到了齐国。

尔后孙膑发挥了自己的军事才能，于桂陵之战中率兵救援了赵国。在著名的马陵之战中，魏国围攻邯郸，齐国相救，齐军将领田忌、孙膑率兵支援。据传，孙膑分析局势时说道："解乱丝结绳，不可以握拳去打，排解争斗，不能参与搏击，平息纠纷要抓住要害，乘虚取势，双方因受到制约才能自然分开。现在魏国精兵倾国而出，若我直攻魏国，那庞涓必回师解救，这样一来邯郸之围定会自解。我们再于中途伏击庞涓归路，其军必败。田忌依计而行。"于是他们趁魏国大本营空虚，采取了围魏救赵的战术，直指魏国心脏。作为三十六计中相当精彩的一计，它的要点体现在采用逆向思维的方法，表面上看是舍近求远，实则是直击问题的核心，从而一招制敌。后来这种战术被兵家收录，称为"围魏救赵"法，记于《史记·孙子吴起列传》中。

其实孙膑初被掳到魏国，并不知晓庞涓的内心，以为同窗好友对自己处处关照，实则庞涓充满了阴谋诡计，当行刑时他的可憎面目才被揭露。当马陵一战再度相遇时，孙膑并没有手下留情，没给敌人任何反抗的机会。诱敌深入，步步为营。他故意透露出自己孤身一人无人保护的弱势之时，庞涓果断选择独率骑兵拿下孙膑。是故马陵之地，万箭齐发，归于荒芜。庞涓终于得到了应有的下场。

第十一章　神秘莫测，一探春秋战国内部机密

孙膑虽不是寒门出身，但是经历了磨难，也算心智大成，故能沉稳行事。是人生经历造就了一个人，不知是否也是庞涓的陷害成全了孙膑的思想，但是"天将降大任于斯人也，必先苦其心志，劳其筋骨，增益其所不能"。任何一段经历都是人生宝贵的财富。后来孙膑的军事思想都记录在《孙膑兵法》之中，其中具体记载了他的军事谋略以及战略思想，还有在军队的建设方面的主张。

以一己之势改变国家之况，力挽狂澜的能人志士不在少数，尤其是在春秋战国时期，无论是君主还是将领，都有着过人之处以及时代赋予的意义。

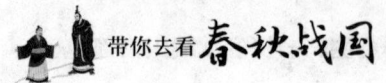

4. 虎符的秘密

时至战国，七雄鼎立。战国时期是东周列国诸侯斗争最为激烈的时期，兼并战争持续不断，军力与物资不断地整合，最后集中到少数大国的手中。为了在纷乱的年代中存活，各国都加紧步伐，开始积累财富，想要富国强兵。

公元前403年，周威烈王册命三家诸侯韩、魏、赵，自此战国七雄局面形成。当时的时局仍旧紧张，为了吞并他国和防止被他国吞并，各国必须要强大自己的实力，首当其冲的便是军事实力。

在军队中，军队的号召不是以某一个固定的将军，而是以一个固定的信物，这个信物就是虎符。而虎符最早出现也是在战国时期，盛行于秦汉时期，并且在往后的战争中都表现出极大的作用。

在战国时期，王权已经十分集中，君主为了防止下面的军事实力被一人垄断，通常会把这个虎符交予自己的心腹，以保证军队的根本指挥权仍然握在自己的手中，而选择的这个人也一定是自己信任的人，这样即便天高皇帝远，仍然能够放心坐镇皇城。

虎符通常为铜质，也有用金玉制作或者竹制，形状如一只虎，分成左右两块，有一个衔接口可契合。虎符设计为虎的造型也始于古代，

第十一章 神秘莫测，一探春秋战国内部机密

在封建时期，虎乃万兽之王，将其刻于符上也暗示着不败之地。据传，虎符最早是由周朝的军事家姜子牙发明的。但是虎符也并非只有虎这一种形状，在秦代也出现过以鹰和龙为代表的兵符，但也是象征着国家强大的军事实力。虎符背部多有文字，用错金书书写。错金书的最大特点就是，即便是经历时代的变迁，仍然不会褪色模糊，所以即便是后代出土的虎符，上面的铭文还是熠熠生辉。

现存最早的虎符都是出自秦国，有四件分别是：杜虎符、新郪虎符、阳陵虎符、东郡虎符。杜虎符于1973年在西安郊区北沉村出土，背面有槽，颈上有一小孔。虎符呈站立状，虎身有错金铭文9行40字，上面用错金文写着："兵甲之符，右在君，左在杜（杜是地名，古代秦国杜县）。凡兴兵被甲，用兵五十人以上，必会君符，乃敢行之。燔燧之事，虽毋会符，行殹。"现在此符藏于陕西历史博物馆，馆内也收藏着另一虎符，即阳陵虎符。此符是秦始皇一统江山后授予阳陵军队将领的一枚，铭文中刻"甲兵之符，右在皇帝，左在阳陵"。虎符的形状一般都以小巧为主，因为作用是号召军队，所以一般制作严谨，便于藏匿。

虎符一分为二，通常右符在君王的手中，左符则在将领的手中。想要调动军队，君王必须派人将虎符的右半带上，与将领手中的左半合二为一，军队方能出动。秦国有个"新郪符"的铭文，上面便规定了，地方发动的兵数若是超过五十人，则必须要有整个虎符，也就是必须要有君王的首肯。每当调兵遣将时，须有两半虎符合并经过验查，才能生效。后来的"符合"词语便是由虎符合二为一演变而来。

虎符所代表的是调兵遣将之意，只认符，不认人，而且一个虎符只能调动一个地方的军队，这极大地降低了军队叛乱的可能性。据《史记》记载，公元前257年，秦国曾经出兵攻打赵国国都邯郸。赵平

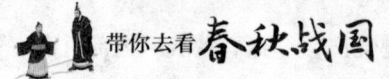

原君听说秦国进兵,而秦国的军事实力十分强悍,其夫人是魏国的国君之姊,于是就向魏国求救,希望他们能够出兵帮助自己。魏国答应,命令将军晋鄙率领十万大军援助,但是晋鄙是个有小心思的人,看到秦国如此浩大的声势,畏于其强悍的军事实力,不忍自己国的士兵为了援助他国而牺牲,于是命令军队停止前进,选择隔岸观火。

魏国公子信陵君无忌得知这个消息,想要帮助赵国,但是军队只听命虎符,于是他找到了魏国夫人,想让她去魏王的身边窃取虎符,以此来调遣军队支援邯郸。魏国夫人如姬是一个和善的女子,虽贵为一国之后,但是素来佩服信陵君"宽厚爱人"的品质,况且信陵君帮助自己报了杀父之仇,算得上是恩人,因此便答应冒着危险去偷虎符。最后虎符到手,信陵君手持虎符来到军中,但是晋鄙心中起疑,朱亥信虎符,怀疑晋鄙造反,因此将其杀之。虎符出现调动了军队,赵国因此得救。后来魏王大怒,将信陵君全家杀害,如姬逃出宫中,她本可以投靠邯郸,但是为了维护信陵君的名声,选择在自己父亲的墓前自杀。

也有版本说,魏王其实并没有答应,即使自己的姊妹危在旦夕,况且魏王本身就是一个暴戾自私的人,反而劝赵国向秦国投降,以此来减少伤亡,不肯援救,派出晋鄙也只是装装样子。这个说法可能更能被理解,因为君王的虎符仍然在他自己的手中,想要出兵帮助,虎符必然也要拿出,还需要如姬夫人冒险去偷虎符,说明魏王本就无意帮助赵国。晋鄙见符起疑,也是一个可疑的点,如果魏王本身就暗中透露自己并无意支援,那么晋鄙前去自然也是虚张声势,见到虎符送来才会感到怀疑吧。

虎符经过多年的发展后,有了更新的形式。到了隋代,就不再叫作虎符而是称为麟符。到了唐代,为了避讳,又改为鱼符或者龟符等

第十一章　神秘莫测，一探春秋战国内部机密

名称，但多用兽物的名字命名。再说汉代，虽然虎符大体上的造型承袭秦国，但是此时铭文从背面转到了虎背上，采用错音书，以篆书刻着"一二三四五"等字样，为了防止兵符的造假，在当时发动军队除了要验证虎符，还需要皇帝颁布的玺书或者诏书才能够生效。

到了后代，虎符逐渐发展成了令牌，虽然在现代社会已经看不到它的踪影，只保留在博物馆，但是虎符在历史上发挥的作用不可磨灭，尤其是在战国时期，为君主的权力集中做出了巨大的贡献，成为军事统领权的象征。

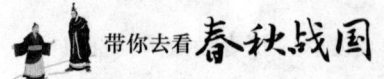

5. 鲁班大师的精巧机关锁

　　春秋战国时期有一个非常出名的机关大师，他就是鲁班。鲁班是春秋末期至战国初期的工匠大师，他发明了一种用小木块做成的小机关，并用自己的名字给它命名，叫鲁班锁。而鲁班发明这个小机关是用来检测自己儿子的智商的。他做出了这个小玩具，交给了儿子让他解开，儿子一看到这个小巧的玩具立刻喜欢上了，过去可不比现在有这么多好玩的玩具。在那个年代，有个小玩具打发时间可是孩子们做梦都想不到的好事。于是鲁班的儿子花了一夜，兴奋得睡不着觉，终于给解开了。

　　到后来，鲁班锁的名气就逐渐传开了，从左邻右舍传到了大街小巷，直至鲁班锁成了市面上最受欢迎的小玩具。鲁班锁是由木头所制作，造价便宜，买一个回家哄孩子可是再好不过了。

　　鲁班锁虽然在后来已经有了几版不同的造型，但是最初的机关形状，也就是第一代鲁班锁是由六根木条相互衔接构成，粗细在20—30毫米之间，正方形截面。凸出来的部分称为榫头，而凹进去的地方则叫卯眼，它们相互咬合，无缝衔接后变成了鲁班锁主要的榫卯结构。

第十一章 神秘莫测，一探春秋战国内部机密

从构造上讲，这种榫卯结构十分稳固，由于是互相咬合的组成，相互间的摩擦力使得独立的木块部分既可以拆卸拼装，又具有极大的稳固性与承受能力，据说后来这种结构广泛用于建筑学中。从美学上来讲，鲁班锁不仅讲究结构造型的整体美观，也在内部加入了对称美的构造，而从外观上看就是一个大菠萝的造型。

也有相传，这个鲁班锁，其实又叫作孔明锁。听名字就知道它与诸葛亮有着很大关系。据传，孔明锁是诸葛亮根据八卦玄学的知识制作出来的一种机关，更多的是用于军事上，后来才流入民间。当然了，鲁班锁还有许多的叫法，比如"别闷棍""六子联芳""莫奈何""难人木"等。鲁班锁用来开发智商、灵活手指有着很大益处，是古代流传下来的精神财富，直到今天都有着巨大的研究价值。鲁班作为工匠，将智慧融入小小的机关中，本身所代表的就是精致专注的工匠精神，鲁班锁所代表的正是工匠精神的具象化体现。

上海世博会山东馆也曾经展出过一个巨大的鲁班锁，这是由2016块32厘米×16厘米的LED模板组合而成，体积高达5米之多，成为山东馆的一个标志性的建筑。在这个鲁班锁的内部也是暗藏玄机。由6根长短相同的柱体两两组合而成，呈90度榫卯结构展现，30多个表面显示屏组合成一个大的电影片段。四季的轮回以及翱翔展翅的白鸽都象征着人类与自然和谐相处的蓬勃朝气。可见，鲁班锁已经成了我们中华民族的一种智慧象征，成了民族的一种凝聚力以及自豪感。

不论是过去还是现在，鲁班锁都在发挥着它巨大的作用。鲁班锁有一个很大的特点就是易拆难装，暗示着问题的解决需要足够的耐心

以及精力智慧的投入。有时候百思不得其解的问题，不如换个角度去看，也许就是卡在一个小小的机关上，很简单就可以解开。这条路不通，就换一条，换一条思路，换一个想法，发现前方的拦路虎不过是小小的障眼法，绕过去，所有问题都会迎刃而解。

6.造笔的传说

书法作为一门高雅的艺术,深得许多风雅之士的追捧。书法尽管分类众多,但是自我国起源的汉字书法,亦称中国书法,承载着中华上下五千年的文明硕果,是传统艺术的物质载体。曾经有人评价过书法是"无言的诗,无行的舞;无图的画,无声的乐"。书法是能够修身养性的文学活动。心不平无以成字,好字非开阔辽远之境无所达。简单来说,书法需要在静气凝神时才能进行,而勤修书法也可以帮助心境通达更高远的境界。书法之所以能成为艺术,一方面也是由于它作为一种文学艺术的精神活动,本质上提升的是艺术修养以及文化底蕴。

书法以文房四宝笔、墨、纸、砚为具体工具,进行着文字形体创造。书法包括执笔、运笔、点画、结构、布局等。古时出名的书法家有王羲之,所书《兰亭集序》在历史上有着极高的评价。现在我国的书法主要有五种字体:篆书体、隶书体、楷书体、行书体、草书体。

但在这里想跟大家聊的不是文字,而是作为文房四宝之一的:笔。虽然现在大家日常的书写都使用圆珠笔、钢笔、水笔等更为便捷的工具,但是毛笔有着自身所替代不了的文化功能。上战场什么最重要?武器装备最为关键。没有铠甲和矛的只能是双拳难敌四手。毛笔就是

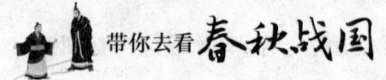

书法创造中尤为关键的一样,相当于作战的主要武器,类似长矛。大部分的毛笔是取自动物身上的毛发,制作成笔头,再用竹制的管状杆制作成笔身。

一支合格的毛笔应该具备的四大特点:"尖""齐""圆""健"。尖就是笔触尖锐,齐与圆是笔头修剪整齐,并且形状圆润,健比较难理解,指的是毛笔的弹性出众,方才能成为良好的装备,供大家挥斥方遒。我国现在最出众的毛笔出自浙江湖州、河南太仓等地区,大多有着悠久的历史,是毛笔世家。初学者也许在刚开始感觉不到毛笔的质量好坏对于书法的影响,等到高一点的层次,就像进阶一样,手里的毛笔的层次也应该逐渐提升。

毛笔最初是如何诞生的?它的前身是什么?

在先秦时期,有一将军叫蒙恬。公元前221年攻下齐国,受到册封,成为秦始皇身边的大红人,与其弟蒙毅号称"忠信"之士。这位曾经镇守边境、威慑匈奴的大将军被冠上"中华第一勇士"称号,与毛笔有着不解之缘。

蒙恬出身于武将之家,天资聪颖加上得天独厚的条件,军旅和仕途都是一帆风顺,他深受军人家庭的熏陶,也立志成为一名好将军,保家卫国。公元前223年,蒙恬被外派镇守疆土,但边境离国都实在是太远,而这战中线报又是需要交送到皇帝的手中,及时报告战况的。在当时的时代,写字是十分不方便的,人们将竹子削成尖锐的形状进行书写,由于竹子它蘸取墨汁的能力实在是有限,所以蒙恬每到要写战报时都十分头疼。

据传说,一次蒙恬外出打猎射中了一只野兔,兔子躺在血泊之中,蒙恬拾起兔子拿回营地,突见兔子沾了血的尾巴在地上拖出长长的血痕。那血痕真是流畅啊,蒙恬心里想着,突然茅塞顿开,将兔子的毛

第十一章 神秘莫测，一探春秋战国内部机密

剥下，捆在竹管之上，蘸着墨水写字，但是兔毛表面有油，根本蘸不上墨水，何谈写字。蒙恬知道了自己的异想天开，血跟墨怎么一样呢，于是一气之下将这支自制兔毛笔扔在了门口的石沟里。

过了几日，蒙恬坐在门口歇息，突然那支笔就闯入了视线，蒙恬又将它捡起来，却意外发现这支笔的外表沾了水后竟然变得更加光滑了。这令蒙恬十分激动，他急忙回到书房，将兔毛笔蘸满了墨汁试了一番，果然书写得十分流畅，比竹笔强了几倍。蒙恬因此发明了毛笔。造笔传说成为蒙恬将军生命中的一个小小点缀。

其实要放在现在看原理很简单。由于是动物的毛发，兔毛的表面是有许多油脂的，所以在第一次的试验中才无法蘸取墨汁，但是后来阴差阳错地沾了石灰水，这种碱性物质将表面的油脂溶解，所以兔毛就变得格外顺滑，可以流畅书写。这就跟人洗头是一个原理，将头上的油脂洗掉，就能使头发更加顺滑。但是放在古代，受科学文化的局限就使得故事带着几分传奇色彩，口口相传起来就更加有神秘感。

给兔毛"洗个澡"竟然成就了毛笔，看起来不可思议，其实也只是历史上的一个小传说，真实性有待商榷。但一些记载中也有关于这个故事的一些详细信息，《太平御览》引《博物志》曰："蒙恬造笔。"崔豹在《古今注》中也说："自蒙恬始造，即秦笔耳。以枯木为管，鹿毛为柱，羊毛为被。所谓苍毫，非兔毫竹管也。"

蒙恬在赵国中山地区所取得兔毫恰巧也是出产兔毫最好的地区，取自秋兔的皮毛。相传，蒙恬后来还用羊的毛制作过笔，被当时取羊之地善琏奉为"笔祖"，也可谓是大功一件。蒙恬的夫人也是一位有才的女子，相传这位夫人就是善琏人，精通造笔技巧，被当地人称为"笔娘娘"。夫妻二人将自己的发明贡献出去，教会了当地人制作方法，使得书写更加地便捷，后来人们还为他们专门建了一座蒙公祠以供

纪念。

其实在这件事情之前就已经有了类似的毛笔出现。在距今3000年的商朝，当时就出现了毛笔的原型，但是当时人们不称之为笔，而是叫作"聿"。

在书籍中也有相关的记载。东汉的许慎在《说文解字》中说："秦谓之笔，楚谓之聿，吴谓之不律，燕谓之弗。"清代大学者赵翼在《陔余丛考》中的"造笔不始蒙恬"条中写道："笔不始于蒙恬明矣。或恬所造，精于前人，遂独擅其名耳。"为蒙恬的传说做出解释。但是不论最终毛笔起源于何时，都是古代的文明智慧。